ZIJIAYOUWANQUANSHIYONGSHOUCE

BUYIYANGDEWANFA

不一样的玩法 自驾游

周立国◎著

完全实用手册

图书在版编目（CIP）数据

不一样的玩法：自驾游完全实用手册/周立国著.
—北京：中国财政经济出版社，2014.1

ISBN 978-7-5095-4679-6

Ⅰ.①不… Ⅱ.①周… Ⅲ.①旅游指南-中国 Ⅳ.①K928.9

中国版本图书馆CIP数据核字（2013）第162371号

策　　划：戴　鹰　　　　责任编辑：樊清玉
责任校对：张　凡　　　　装帧设计：盛世纳唐

中国财政经济出版社出版
URL：http//www.cfeph.cn
E-mail：cfeph@cfeph.cn

社址：北京市海淀区阜成路甲28号　邮政编码：100142
营销中心电话：010-88190406　北京财经书店电话：010-64033436
北京盛兰兄弟装订印刷有限公司　各地新华书店经销
787×1092毫米　16开　12.75印张　200 000字
2014年1月第1版　2014年1月北京第1次印刷
定价：39.00元
ISBN 978-7-5095-4679-6 / K·0016
（图书出现印装问题，本社负责调换）
本社质量投诉电话：010-88190744
反盗版举报热线：88190492　88190446

序　言

我在中学时是个文体积极分子，游泳、打冰球、射击、舢板、滑翔机、摩托车没有不喜欢的。我那时曾有一个“梦”——梦想将来自己能开着摩托车或吉普车走遍全国……

我当了30多年兵后，从部队退下来这十几年里“圆”了这个“梦”。

退下来的第一件事是：我和爱人一起报驾校学车。而后，一发而不可收拾，开始了我们自驾游的生活……刚开始，一无所知，只能靠自己边走边摸索。十几年下来，行程近50万公里，三次进藏，更换了四辆座驾，几乎走遍了祖国大地。经历了艰难险阻，尝尽了自驾游的苦乐酸甜……

我是一个心比较细，遇事好琢磨、好总结的人，这么些年，我总结出一些具有中国特色的自驾游经验，于是车友俱乐部约我给大家谈谈经验，上上课。后来一些相关杂志陆续刊登、报道了我们自驾游的文章，电台播放了我们的专访，称我们为“旅游达人”，我所居住的军休所为我们出了专刊。

2011年，有自驾游好友及出版社，希望我写一部关于自驾游的“工具书”，让那些喜欢自驾游但缺乏这方面知识、经验的读者，读后能找到“北”，知道怎么去做。他们称我们夫妇这十几年的旅游是一个“金矿”，如果好好挖掘、开采，会提炼出“黄金”来。我深知在车友面前“侃大山”是一回事，要把经验总结、归纳，上升为理论写成书，指导大家那可是另外一回事了，谈何容易？而且国内目前暂时还没有一本这样内容的书可以参考、借鉴，我是第一个吃螃蟹的人……提起笔来困难重重，我曾两度失去了信心……但在我爱人王蕙君的一再鼓励下，2012年我终于完成了初稿。

书中所谈的都是我从十几年的自驾游中真真切切提炼、总结出来的“土得掉渣”的经验和感悟！自驾游是一项“自由度”发挥到“极致”的旅游活动。它随着汽车诞生出现，有百年历史了。汽车这个载体和四通八达的公路网可以把我们送到你想去、能够去的任何一个地方。参加这项活动是需要诸多条件的：（1）没有好的驾驶技术不行；（2）没有时间不行；（3）没有财力不行（汽油、过路费、保养车、食宿、门票、装备，那可是一笔不小的开支）；（4）没有好身体不行；（5）没有好的心态不行（出门在外，每时每刻都可能要应对意想不到的事情）；（6）没有情趣不行（情趣包括：对大自然的热爱、对历史的关注、对生活的理解以及本人的文化素质等）。

自驾游的每天都是崭新的一天。清晨起来，你要面对的是陌生的路，陌生的人，陌生的远方……你每天都可能面对来自方方面面的挑战，没有一个冷静恬淡、临危不乱的心态是无法应对的。所以，自驾游也是一个“感悟人生，磨练人生”最好的课堂。

很多朋友喜欢自驾游，但不知如何入门。那么这就是为你量身打造的一部非常实用的工具书，它几乎回答了自驾游中所能遇到的各个方面的问题。如果你认真、仔细地阅读此书，并按书中的要求去做，你就会成为自驾游这项活动合格的行者。

目录Contents

第五章　外出带什么东西

第六章　心理准备

第七章　进藏

第一章 头等大事要练好驾驶技术
——司机是个熟练工种

开门见山，第一句话，我请你“练车”！顾名思义，自驾游，自己连车都驾不好，怎么去游？练好自己的驾驶技术是件头等大事。

我有一位朋友已有5年驾龄（他居住在北京），但一聊起来，南面最远开到永定门，东面建国门，北面奥林匹克公园，西面颐和园。5年总计开车10000多公里，每年仅开2000多公里。我还有一个朋友驾龄7年了，每天总是开车上下班走那段熟悉的路，从来没有进过山，高速路最远开到昌平……这两位朋友又都是自驾游的向往者，每次见了面总向我提出方方面面的问题。我回答：“你们目前要做的第一步是把车开出去，开进大山，开上高速，练车！北京周边名胜古迹、风景区上百个，要边玩边练，边练边玩！”如果总在方圆几公里的小圈子里开车，即使你有20年的驾龄，对于自驾游来讲，你也好像是一个永远长不大的幼儿园小朋友，是没有条件参加这项活动的。

自驾游是一项在中国960万平方公里纵横驰骋的运动，是要翻雪山，过沙漠的。它好比要在太平洋里搏击狂风巨浪！你连个小港湾都驶不出去，那怎么行？

向往自驾游的朋友形形色色，其中不乏有多年驾龄、驾技精湛的高手。我开篇在这里是要向大家明确地传达这样一个信息——“打铁还需自身硬”。要从事自驾游这项活动必须具备熟练的驾驶技术，驾校学的那点东西是远远不够的，这是根本之根本。

司机与飞行员职业很类似，都是熟练工种。据悉，我国第一艘航母选飞行员时，飞行1000小时以上是最基本条件（其中必须有500小时飞第三代战机经验）。二战盟军的王牌飞行员哪一个飞行小时不在1000小时以上？为什么呢？因为飞行小时和驾车公里数都和飞行员、司机的技术水平、安全系数成正比例。

想当初，在驾校里我是全组岁数最大的老同志，笨手笨脚，反应慢。但我笨鸟先飞，每天早来晚走，极其认真，拿到驾照后，我们夫妇每天早四点多就把车开到城里熟悉路况……六点半街上车渐渐多了，我们就收工，晚上九点又出来练。市里练得差不多了，又开始在郊区山里练习山地驾驶。我们把练车与郊游结合起来。边练边玩，边玩边练。从几十公里到几百公里，几乎把北京近郊区所有的公路都碾了一遍——就在这一次次练车中出游，在一次次出游中练车，技术越来越精，胆子也越来越大了。我们循序渐近，两年多时间把河北省内景区景点几乎跑遍了，三年后我们开始跨省自驾游，每次外出二三千公里。

那些经验不多，又喜欢自驾游的朋友不妨可以借鉴我们的方法——由近至远，由点到面，在练中玩，在玩中练，使自己翅膀慢慢硬起来。凡事都有个过程，一口吃不成胖子，但首先是要动起来，第一步要跨出去，把车开进大山，开上高速（初期一定要有老司机带）。如果说自驾游是一座大厦，那么你的驾驶技术，适应各种天气、各种山区道路的应变能力就是这大厦的基座。你开的公里数越多根基就越稳固。要做一个全天候战机飞行员。

练车！提高自己驾驶技术，使人车形成一个整体是对自己的生命负责！这就是我开宗明义，对读者们的第一个忠告！第一个期望！

第二章

如何选择出行目标和时间

· 什么温度出行最适宜

我们中国地处北半球，纬度适中，北京北纬40°，四季尤为分明，而四季中最舒适的季节就是秋天了！可谓蓝天白云，秋高气爽。为什么舒适呢？温度。俗话说“上有天堂下有苏杭”，杭州、扬州、苏州这一带最美的季节、最舒适的季节是什么时候呢？春天——古人云“烟花三月下扬州”，此时柳树吐出了绿芽，桃花盛开，风和日丽，万物更新，既不冷又不热，非常爽！为什么呢？还是那两个字“温度”。

杭州虽美，朋友们可曾有8月份游杭州的经历？有一次一个朋友给我打电话，说他8月份有20天假，拟自驾去苏杭一游，征询我意见……。我说“不宜”。他还是上路了，回来后立刻告诉我，此行“惨透了”！30多度的高温，而且潮湿闷热，每天浑身像泡在水中一样。他说西湖水都是“热”的，高温高湿什么游兴都没有了……悔不该不听我的劝阻，花了钱，受了罪。同样一个杭州8月和3月去旅游，怎么会得出两种截然相反的感觉呢？我年轻时曾在8月、3月多次去过杭州出差，有一次，我8月摸西湖水竟然有“烫手”的感觉。热得我都无处躲，只好在宝石山下面人防工事电影院里看电影——只有那里有一丝凉意，当时只有一个想法：办完了事赶紧跑。而3月的杭州仿佛变了一张面孔，凉风习习，细雨绵绵……打着雨伞西湖边一转，虎跑饮泉，龙井问茶，平湖赏月，苏堤观柳……好似成了神仙，造成这种水火两重天的唯一主导就是“温度”。

自驾游是一件花费金钱、时间，投入精力寻找快乐的事，找不到快乐，何必要做？花钱受罪的傻事不能干！那只有一个办法：“寻找最佳温度的地方出行，在最佳温度的时间出行”。请注意，我这里所说温度标准是“泛指”，是“相对而言”。不同的人对温度有不同的适应能力，对“快乐”两字有不同的理解，所以不是绝对的。冬天，南方朋友去东北滑雪、看冰灯，体验零下20℃的严寒是一件很“快乐”的事情。同样是冬天，北方朋友去海南游泳冲浪体验30多度高温也是一件“快乐”的事情。经科学家测定，我们人体感觉最舒适的温度是摄氏18℃—23℃，外出旅游最合适的温度略低些是14℃—23℃。而秋天的北京和春天的杭州恰恰都符合这两项指标，在这个温度出行是最适宜的。

·不同的地方有不同的最佳旅游季

中国国土有960万平方公里，地域辽阔。华北地区最宜出行的时间为9月下旬、10月、11月，此时天气是由初秋向深秋过渡的时候，秋风萧瑟，层林尽染。而东北地区最佳温度时间为8月、9月（10月份已经下雪了），其中最好时间段为9月1日至20日左右，此时学校开学了，游人稀少，正值深秋一片火红，尤其去长白山、镜泊湖是一年最好的时候。内蒙古、西北地区是7、8、9三个月，我们所熟知的“那达慕大会”均在8月举行，这是草原上一年最好的时节，蓝天白云，百花盛开。而青海湖国际自行车赛每年都在7月下旬举行。此时温度适中，油菜花盛开，遍地金黄，若自驾游去青海此时是最佳期。而新疆一年最好的季节是 9 月初，这是丰收的季节，瓜果飘香，到10月下旬就开始下雪了。去西藏5、6、7、8、9月均可。江南游最宜人是3、4月份或11、12月份，广西、海南是11月末至来年2月。我曾多次去海南，摸出个规律，最佳时间段是春节长假结束后的一两天再登岛（春节期间可在湛江、雷州、徐闻游玩），因为此时房价一下子就跌落下来，三四百元的房间七八十元就可以砍下来。而最佳地点是海口、文昌、博鳌一带，因为这些地方温度适中，而三亚您即使春节前后去，出门不打伞，不穿长袖衣服就会被紫外线晒伤。云南被人们称为“四季如春，一雨成冬”，昆明海拔1800米，昆明西山海拔2000多米，所以一年四季皆宜。贵州也是个高坝子，所以称“云贵高原”，但贵州1、2月份容易有冻雨与冰凌，公路上会结一层薄冰，俗称“地穿甲”，这是极可怕的事，所以要躲开这两个月。东南沿海地区11月初至来年4月温度最为舒适，台风季节最好躲开。这些年我发现了个规律：哪个地区举行一年一度的庆典或招商引资大会，一般都是这个地区一年中最好的季节和最适宜的温度。地方政府非常清楚，把客人从全世界请来没有一个好的环境，舒适的温度，客人心绪烦躁，恐怕会开不好，资金也引不进来。四川成都熊猫节10月，内蒙古那达慕大会8月，杭州西湖博览会11月，青海玉树赛马节7月，广交会4月，贵州苗族鼓藏节11月，昆山国际机械博览会3月，青海湖国际自行车大赛7月，新疆西北地区国际贸易洽谈会9月，西藏雪顿节7月，南宁东盟国际贸易博览会12月……希望朋友们留意这些信息，把它记录下来就成了一个该地区最佳旅游季、出游时刻表了。

· 海拔高低大不一样

河北省北部有个叫“坝上”的地方，朋友们都很熟悉，坝上这个叫法是统称，细分应当是“张北坝上”（张家口方向）；“丰宁坝上”（丰宁方向）；塞罕坝上（承德围场方向）。那里盛夏季节，我多次遇到一些冻得浑身发抖，穿着短裤、背心、短裙的朋友们……还好当地能租到军大衣。北京西郊百花山主峰，百草畔海拔2040米，山顶有个停车场，海拔高2015米，是北京地区汽车能达到的最高点。我也曾多次看到一些穿着极其单薄衣服的朋友一下车冻得不知所措的窘态。其实这些朋友忽略了一个大自然规律：从海平面起每上升1000米温度下降6度。坝上是一个海拔1000多米的大平坝子，最高达2400多米，下面即使30℃高温，一上去，十来度便没了，再一刮风又几度没了，能不浑身发抖吗？百草畔停车场也一样，2015米的地方，12度没了，能

西藏海拔4515米的色季拉山口盛夏也寒风刺骨

不凉吗？中国是一个多山国家，海拔差距很大，自驾游朋友们不了解海拔给温差带来的变化，是对自己不负责任、不安全的！是会遇到麻烦的。

一年盛夏，北京30多度高温，我们开车去了距北京550公里的五台山。当天下午抵达海拔2000多米的台怀镇，温度十七八度，非常舒适。五台山是由五座山峰组成，台怀镇中的一座称其为中台，东、西、南、北各一座，其中北台顶最高海拔3061米。当晚听说一些居士朋友要在北台做法事，而且北台附近有一座残破的琉璃塔很壮观，我们决心第二天去北台。路非常崎岖难走，我们边走边拍照，路上又扎了胎，抵达北台已是下午2点了。台顶非常之冷，本来好端端的天气，忽然刮来一阵刺骨寒风，台顶立即被浓厚的白雾所笼罩，什么也看不见了，紧接着飘起了鹅毛大雪……我们赶紧躲到居士们住的屋内，里面炉火熊熊。我问一位居士，山顶温度多少？他说窗下有温度计，我出来一看零下3℃。北京市海拔100多米，到了海拔3500多米的北台顶，温度由30多度下降为零下3度。

大自然的力量不可抗拒

风雪过后在达莱诺尔湖

中国北部蒙古高原和西北部茫茫大漠是典型的大陆性气候，其气候变化之大，温差之剧烈，是我们自驾游朋友必须高度重视的。我们把三次经历讲给大家：一次是在9月份，地点内蒙古克什克腾旗。9月份的草原，天气已有些凉意了，但那天风和日丽，蓝天白云，气温较高，我们行进在前往内蒙古第一大湖达茉诺尔湖南岸的路上。湖北岸有一条柏油路可达，而南岸没有，只有一条汽车轮碾出来的车辙印歪七扭八地通向天边。我们就沿着这车辙印缓慢地向西北方向开去。虽然百花盛开的8月已过，草原上还有许多不知名的野花在怒放，我们时不时停下车来摘采几朵。CD里播放着用蒙语演唱的蒙族民歌激昂高亢，我们俩都忍不住随着那旋律一起吟唱起来……一切都那么美好。忽然天边出现了乌云，西北风明显地大了起来，刮的车窗忽忽作响，我爱人担心地说："看来要下大雨了。"一下大雨这车辙印必然泥泞不堪、模糊不清，于是我们加快了车速，想尽可能向前赶，早些到达度假山庄。我们快，可风的速度比我们还快，刹那间乌云布满了天空，天顿时黑了下来，气温骤降，我们已感到了阵阵寒意。我们赶紧停车换衣服，就在我们套上毛衣、羽绒服、羽绒裤的当儿，鹅毛大雪从天而降！说鹅毛大雪其实并不确切，应当说是"羊毛大雪"、"棉花大雪"。雪是"暴雪"，一大团一大团地铺天盖地降了下来。刹那间能见度只有十几米了，我们开足马力向大雪中冲去。开了一会儿我们不敢开了，因为唯一的路标车辙印看不到了，大地一片白茫茫。此时地下的积雪已有十几公分厚了。我们赶忙用地图指北针找准方位，我下车在前面步行探路，我爱人开车缓缓跟进……走了一阵又不敢走了，因为草原上的车辙印曾被许多车碾压过，路基是很硬的，而没有车印的草原看似平缓，但潜伏着沙坑，车陷进去就麻烦大了！特别是我们此时此刻只有一辆车，可谓"单车无后援"，出了问题是没有任何办法的，与其前进危机四伏，不如在原地安全（我们过去曾有过在草原上陷进沙坑的经历）。雪越下越大，我们心里害怕，我感觉脊椎骨直冒凉气，一种恐惧感油然而生。我对我爱人讲："闹不好咱们要成'草原英雄小姐妹'了！"年轻的朋友不熟悉，岁数大些的朋友们都知道，这件事发生在"文革"中，蒙古族小姑娘龙梅、玉蓉为追赶公社失散的羊群，抢救集体财产，在暴风雪中被冻伤的故事。她生气地说："都什么时候了，还有心思开玩笑，快报警吧！从目前看报警求救是唯一的办法了。"但我打开手机发现无信号……我们再一次陷入了恐惧之中！她说"咱们在家里就听说了南岸这个度假山庄很大，而且紧靠一个小镇子，不可能没有信号台，再试试！”再一试果然有信号了！我们正在宽慰之际，忽然她大喊：“有车！有车！”顺方向望去，在茫茫大雪中远处有汽车灯的强光射过来，我们赶忙把车调过头去打开了大灯，站在雪地里又跳又喊……待车开近了，那是一辆切诺基，里面是当地的牧民。我们问他山庄方向和距离？他们说顺着他们车印开过去几分钟就到了，说完便消失在风雪之中了。我们顺着车印很快到了山庄。事过多年，这段有惊无险的经历令人难以忘怀。我们还有一次是8月份，地点内蒙古第二大湖呼伦湖西岸，那天天气炎热，我们在湖中游泳，在渔场吃了鱼，穿着短裤、背心沿西岸公路开往满州里，路又宽又平又没车，蓝天白云、阳光灿烂，我们心情很好……忽然看见西北方向一片黑云，以极快速度移动过来，风声大作，我们赶忙穿衣服，随着风来的是冰雹、冰渣和大团大团的雪。很快大地一片白茫茫，待我们到达满州里时已经是一个寒风刺骨、冰雪交加的冬天了。再有一次是7月份，地点宁夏回族自治区与甘肃省交界处的腾格里大沙漠。从宁夏银川去甘肃武威，正常走法应当沿西南方向抵兰州，再沿西北方向抵武威，好似英文字母“V”字，要一千多公里。而我获悉从银川沙坡头新修了一条公路，向西横穿腾格里大沙漠抵武威，才300多公里。当时路没完工，据当地司机讲：“沙石路很平”，一走果然如此，路况很好。7月份大沙漠里自然是暑热难耐，好似个大烤箱，我们看到路旁有个瓜棚，便停车买瓜，就在吃瓜的当儿，忽然乌云密布，飘起了雪花，气温逐渐下降，卖瓜老汉原来只穿背心，随后拿起了大皮袄披在了身上，我顿时领略到了“早穿皮袄午穿纱，围着火炉吃西瓜”的意境了。大陆性气候在强对流天气下会频发极端性天气，刹那间会有极大温差变化，并且可能产生飓风。新疆与甘肃西部两省交界处，冬天常有飓风，火车都被刮翻，别说汽车了。在哈密一位常跑这条路的司机告诉我，他亲眼看见一辆轿车被大风吹下路基，在戈壁上滚了十几个滚……所以说冬季不宜去新疆。大自然的力量是不可抗拒的，对此我们要有心理准备、物质准备，防患于未然。

温度决定一切

自驾游的朋友想出去玩儿，要做的第一件事无非是朝思暮想……想什么呢？两件事：A. 去哪儿玩儿？B. 什么时候去？A. 一般来讲有段时间，三五天，十几天，甚至一个月，那么这段时间去哪儿好呢？B. 可能已经锁定了一个目的地，安排什么时间去好呢？我们刚才讲了半天：全国各地不同地方旅游季节是不一样的，海拔高低、温差也不一样，极端天气温度变化很大。

长白山秋色

讲这些的目的，归根到底是希望朋友们养成一种思维方法：这个思维方法的核心便是一句话——“温度优先论”。也就是说用“温度”这把尺子去衡量一切。比如：A. 去哪儿玩儿呢？回答是：“哪儿温度适宜去哪儿！”B. 什么时候去？回答：“什么时候那里的温度最适宜什么时候去！”用温度来决定一切是最佳选择。

假如有一天您坐在客厅沙发上沏好了一杯茶，边品茶边望着墙上中国地图，陷入了沉思……9月份我有20天年假，驾车去哪儿玩呢？所谓“人未动，心已远”。我们在地图上找一找，哪儿温度最适宜呢？此时华北地区是夏末，初秋刚开始，时不时还有“秋老虎”热它几天。江南还没有从闷热中摆脱出来，而东北地区则是由初秋向深秋转变过程，红叶正处于“霜重色愈浓”状态，尤其长白山镜泊湖迎来了它一年中最美的季节……我们在离京近的地方找一找？啊，河北塞罕坝9月下旬也迎来了它一年中最美的季节……落叶杉一片金黄，枫叶一片火红，每年这时会有大批摄影爱好者云集这里……看来如果时间定9月初去长白山合适，路程远些，若定9月下旬去塞罕坝合适，相对路程近些。看！这就是用“温度优先论”筛选出的地点。道理只有一个，这个时间段只有这两个地方不但温度适宜，而且是它一年中景色最美的时候，我们有什么理由不去呢？再假如我们目的地锁定江南，环太湖周边苏州、杭州、湖州及江南水乡周庄、同里、黎里、乌镇、震泽、盛泽……寻一个最佳时间段前往。那当然是每年3、4月份或11、12月这两个时间段为好，但相比之下，3、4月份略胜一筹，因为春天万物复苏，生机盎然，百花盛开，更给人一种内在的活力！如果要扩大，周边黄山、天目山、莫干山、雁荡山、天台山……还要考虑垂直温度多带些衣服。又一个问题解决了！还是用“温度优先论”衡量的结果！好了！到此我要传达给您的信息，已经告诉给您了，我希望您以这种思维方式来作为您自驾游的序曲。从某种意义上讲：自驾游——温度决定一切。有了这种思维方式，我们就开始了下一步——做功课。

第三章

功课是非做不可的

朋友们恐怕又要问了，我们又不是小学生做哪门子功课呀？其实这是自驾游的一句约定俗成的用语——把“自驾游”做计划，做案头工作叫“做功课”。朋友们又会说：“玩儿就玩儿呗！开车就走，做哪门子计划？还什么案头工作？累不累呀？用得着吗？”这回您可真说着了！这功课做与不做效果大不一样，您要是不做，可吃大亏啦！

自驾游按天数里程大致可分为三类：近程、中程、远程。几百公里二三天为近程，几千公里十余天叫中程；一万公里以上一个月以上可谓远程。近程二三天您嫌麻烦不做就算了（其实做也比不做强），而中程、远程是绝对不可以不做的！您想想，您开车出去半个多月，一个多月，行程上万公里，中途要穿过多少世界级、国家级文化自然遗产？多少名胜古迹？您稀里糊涂地开将过去，擦肩而过？您亏不亏呀？后悔不后悔？您搞清楚，您这是自驾游，不是坐高铁，从一个点到另一个点。您的轨迹是一条线……您这条

笔者近20年全国行车图

线可以把多少好玩可看的名山大川、名胜古迹联结起来！您由于不做功课，什么也不知道，把自驾游当成了“拉力赛”，就知道一个劲儿地向前开。咱们算笔账，您出去一个月花了一万块钱游了两个景点，每个成本5000元。您要是做了功课安排好了计划，游了50个景点，每个成本200元。这50个点不见得都去，您可以根据自己时间、喜好进行挑选，有些世界级、国家级景点不在您行程线上，您可以调整行程绕点路过去，那也比您将来再跑一趟合算多了。这就叫——“搂草打兔子”，聪明的农民边割草边留心有没有兔子蹦出来，草割完了，又逮着几只兔子，可谓一举两得。而您要“一石二鸟”、“一箭双雕”那就得非做功课不可！

· 怎么做？五个步骤

首先就是要大量掌握资料。您把您要去的目的地沿线所有的旅游景点人文背景资料尽可能全搞到手。其实这并不难，可以上网查，可以去书店寻觅，前十来年这类书不多，可现在丰富之极，每个省都有“旅游指南”，而且有多种版本，这些书的作者许多是“驴友”，都是该省资深的玩儿家，他们写的书非常实用、贴切、细致……甚至当地小镇上有什么名小吃、位置、价格、特点都告诉您……不是业内人士是绝对写不出来的！过去老艺人有句口头禅叫“拳不离手，曲不离口”。我们自驾游爱好者也应当“资料不离手，地图不离手”，要反反复复看资料，看地图，看完地图再看资料。其实这是一个很快乐的过程，自驾游的快乐不是把车开出去才开始快乐。而是您在琢磨推敲计划、反复修改路线的时候已经在享受快乐了！“人未动、心已远”就是这个道理。您在琢磨推敲计划，反复修改路线的时候已经在享受快乐了！远程做功课我起码在一年前就开始了，最长的一个计划书我做了3年反复修改9次，我手头上经常有几个计划书。我做了不一定全部实施，至今还有许多搁浅了，但做的过程真是很快乐，喝着茶、望着墙上的地图……一会儿打开一个省详图，仔细查询计算着公里数，一会儿再翻翻资料……此时思潮翻涌、思绪万千，灵魂早已出窍，飞向茫茫大漠，万水千山，在那里尽情地翱翔……

在敦煌

一、头脑预热、定目的地、定线路、定时间

要反反复复地看资料，多方面开辟途径收集资料、寻找资料。这个过程是五个步骤中耗费时间最长的一个，也是最关键的一个。我们应当把90%的精力用在这里。做功课这件事空对空不好说……我没有具体话题，您就没有聚焦目标。我们假定目的地“敦煌”，那么下面一切都具体了：首先您得把“河北、内蒙古、宁夏、甘肃、青海、四川、陕西、山西、河南”这些省旅游指南搞到手。在看材料时两个问题是重点关注的。一个是这些地方有哪些景点自己感兴趣想去，绞尽脑汁同时还要考虑走什么路线去？这两点是相辅相成、互相关联、密不可分的，您选中的景点必定要把您带到一条线路上，而选中了路线，景点也尽在其中。从线路上看，光是去的线路就有从北京到兰州到敦煌三条。先说北京到兰州，北线走宣化→呼和浩特→包头→临河→银川→兰州。中线走太原→吕梁山→绥德→银川→兰州。南线走郑州→洛阳→兰州。从兰州到敦煌，可以走北线武威→张掖→酒泉→瓜州→敦煌。也可走南线西宁→德令哈→大柴旦→阳关→敦煌。您看看多复杂。您不费尽心机，绞尽脑汁行吗？这刚是去程，回程线路可选择的就更多了。

到此朋友们恐怕有些感知了，这个工作量是相当大的，这件事要煞费苦心的，去哪里？路线怎么走？一切自己定，要用自己的兴趣爱好来拿捏。假如您反复推敲对比，最后定下来了，去程走北线内蒙抵银川，而后走武威、张掖走丝绸之路，回程走玉门关、阳关、大柴旦、格尔木、西宁、贵德、夏河、郎木寺、川西大草原、马尔康、牟尼沟、麦积山、西安回北京。应当说这条线路沿途景点以人文景观为主，只是在回程时拐进四川，在川西大草原上转了一圈，而川西大草原最美的季节是8月份，此时格桑花盛开、牛肥羊壮，如此最好把出发时间定在7月下旬为好，这样您可以欣赏到一年之中最美的川西大草原风光（当年红军过草地就是指的这里）。应当说这第一步骤是重点之重点、关键之关键！您千万不要轻易把它定下来，多放一放，留些时间去对比思考……

二、筛选景点

分省旅游指南提供的景点是非常丰富的。但您时间有限必须加以取舍。比如：呼和浩特北中国藏传佛教北方最大的庙五当召，还有闻名于世的昭君墓；比如：快到武威的天祝县——这是新中国成立以来第一个藏族自治县，该县自然风光优美，在祁连山腹地，以盛产白牦牛著称；比如：酒泉附近有一个祁连山的大冰川去不去？您又要经过一番取舍与梳理。祁连山风光很美但资料显示没有六七天是不行的，大冰川没有两三天是不行的，而且路很烂……只好忍痛割爱！而川西北有个景点黄河九曲十八弯很棒，路又好，那当然要去！经过自己跟自己讨价还价，您终于定下来必去哪些景点，哪些做为机动。在这个过程中一定要优先考虑“世界自然文化遗产”、“国家级或省级重点文物保护单位”，因为这些景点都是经过上百位国际上或国内顶级专家长期评选出来的，是货真价实的，其含金量是不容置疑的。

对于“敦煌”，朋友们可能了解得不多，它“辉煌”在哪里？“敦煌”可谓世界文化遗产中的顶级品，巅峰之作。很多学者对它进行过很多阐述，但是我认为已故大学问家季羡林先生的论述点评是最概括、最集中、最全面的！他说：“我们人类的文明史中产生了波斯文化、伊斯兰文化、印度文化、汉文化，这四种文化曾经在我们这个星球上的某一个点，发生过唯一的一次碰撞、融合和升华，这个点就是敦煌！”季先生的点评既简明又通俗，一下子就为我们点中了“敦煌”辉煌之要点。我认为作为一个中国人，一生中要去朝拜的地方就是“敦煌”，就象一个虔诚的穆斯林一生中一定要去“麦加”一样！张掖的宋代大卧佛堪称世界第一。元代马可波罗来中国就对它钟爱有加，徘徊留连不愿离去……为此他在张掖停留了一年。同样是国家级的武威提督墓更了不起，从那里出土了中国旅游界的标志——“马踏飞燕”。它被郭沫若先生誉为国宝中的国宝！阿坝自治州首府马尔康的国宝级景点“卓尔基官寨”，不但是我国境内唯一保存完好的土司衙门和土司住宅的结合品——“官寨”，更是红色旅游中的重点——毛泽东与周恩来长征途中在官寨里住过一段时间。世界级就是世界级，国宝级就是国宝级，他们会令您旅游途中激动不已，高潮迭起！他们就像您旅游轨迹中的一颗颗闪闪发光的璀璨的红星。

但也不尽然，有一些非常好的景点，有时会因为其自身条件及我们认识水平等复杂的原因，令我们的期望值大跌。北京故宫、西安兵马俑、敦煌石窟……您什么时候去都是那个样子，而广西龙脊梯田您不同季节去会有很大落差。“龙脊梯田”是我国少数民族兄弟用了上千年的时间一镐一锄把荒芜的大山修筑成了空中田园，是人类历史上的创举，是一个令人震撼、精彩绝伦、改天换地的样板。事先我曾看到了许多照片，都拍得非常之好，当我驾车行驶在盘山路上时心潮澎湃……因为昨晚擦拭好了我的两个数码相机，备份电池全部充足了电，检查了三角架及所有设备，准备大干一场，拍出有点水平的照片。待车子停在海拔1000多米的停车场，走进景区大门后见了眼前情景，仿佛“如梦方醒”。梦就是我曾见到的那些拍的极精彩的照片，而现实是除了光秃秃的水稻田……什么也没有！落差太大了。细一想，这不是梯田的问题，上千年了，人家客观就在那里，是我们的思维和认识问题。首先要想看出梯田的气势必须要站在制高点上方可“会当凌绝顶，一览众山小”，我问一位瑶族大嫂，最近一个制高点爬上去也得近4个小时。再有看梯田最佳的季节为早春，田里注满了水，正在耕地准备插秧的这段时间里。清晨或黄昏，站在一个能和阳光成反射角的一个制高点上，此时稻田里的水被落日的余辉或朝霞染成了橙黄或深红……若再加上山里飘动的云雾……你此刻要按下快门，就成了一张令人过目不忘的绝佳照片，也是龙脊梯田的最佳写照。请注意要想找到一个清晨或黄昏和阳光成反射角的制高点该是何等艰难哪。您恐怕得爬遍所有的山头……还得在插秧的这段时间里，待插秧水面反光……做为一个普通的游客，龙脊梯田最美的景致您可能永远也看不到，只能通过照片，因为您不可能投入那么多时间和那么大的精力。

桂林山水——“世界自然遗产”。朋友们可能会认为，这恐怕不会有什么大的期望落差吧！可我三次游“桂林山水”却有三种截然不同的感觉。首次，20世纪80年代初，刚刚改革开放，人们都在尝试探索各种改革途径。我早8点准时在市内上了车，结果这个车拉着我们转了好几个玉器店购物，快中午11点才从桂林郊区的一个码头上了船，船开出不久就开中午饭了，我们几十元的船票中被告知其中有20元午餐费，我想即使是20元的盒饭也是有荤有素应当还可以吧。谁知一端上来全船游客都气疯了！我也气糊涂了。每人一碗冷水泡米饭上面有两粒炸黑糊的猪油渣和两小碟咸菜！一位穿着警服的50多岁中老年游客一席话把这个“火药桶”点燃了！他说：“在监狱里工作了30多年，也没有见过劳改犯人吃过这么糟糕的饭！应当把这帮黑心肠的家伙关到监狱里去！”游客们怒火万丈，一位激动的游客抄起冷水泡饭朝船主扔去，游客们纷纷仿效，顿时船里成了战场……此时船正经过“桂林山水”中最美的风景段。到了阳朔，全体游客决定上岸要讨个公道，旅游局来了人，原来这个“许可证”经过层层转包到船主手里，每人20元的伙食费只剩下4元，他赚2元剩下2元也就是冷水泡饭加油渣子了。最后每人退还20元伙食费了事。什么也没看到，打了一天仗。

第二次90年代末，改革开放已20多年，一些关系已经经过了梳理。漂漓江清一色国营大船，午餐质量保证丰盛之极，票价298元/人。我上的那条大船有两个会议的代表。会议主办方觉得船上伙食标准不够，又运上船很多凉菜、成箱白酒、啤酒……一开船代表们便入席开始喝酒了……不一会划拳和猜酒令声响成一片……游船成了一座吵闹的大酒楼了！一小时后满船游荡的都是喝的满脸通红酒气喷熏、走路摇摇晃晃的醉鬼了。我心里想这些人哪里是来欣赏自然风光的呀？船长心知肚明，把船开得飞快，本来就是顺水，所以最美的景点都是在一片划拳和猜酒令的嘈杂声、吵闹声中一掠而过。这两次桂林山水游我都视为遗憾之事。

第三次是在2010年，我这回接受了前两次的教训，“另辟蹊径”，大获成功！我们在桂林市旅游完后自驾车直接去了阳朔，下榻南门公交总站旁边的园林局招待所。在这里乘公交车去桂林方向15元/人票价，在杨堤下车，从这里乘小竹排漂漓江，欣赏山水，票价每人50元，小竹排很小最多搭载6人，无动力顺水而下，悠悠哉哉、安安静静，您可以沉下心来舒舒展展地欣赏沿岸美丽的风光，不受任何干扰，中午您可以选岸边一个村落或一处酒家上岸，慢慢品酒，细细尝鱼，待酒足饭饱上竹排继续漂流……下午4点半在兴坪上岸，结束漂流之旅。这段水路是整个漓江最美的一段，最著名的景点全集中在这里。兴坪是个古镇，您可以漫步古镇，品尝小吃，待你玩够了（大约一小时可走遍全镇），5点半乘中巴，票价每人5元返回阳朔南门公交总站，结束您一天的旅游。午餐可高可低，我们点了最好的活鱼宴，一天下来一人165元。朋友们不难看出，同样世界自然遗产，采取三种不同模式，得到了三种不同的感受。这就好比电脑，您硬件好再加个好软件，那才叫好上加好。

下面咱们书归正传，您把景点筛选完了，就要进入下一步。

三、精确计算

每张地图的角落都有比例尺，那里标明地图上的一厘米代表实际多少公里。这第三步您要用一把尺子把您整个行程中所有的地点间的距离精确地计算出来。这个精确不是准确到每一公里，起码要有个“大概齐”——精确到十位数即可。我们从北京出发算起：

北京——宣化——呼和浩特——包头——临河（巴颜淖尔）——银川——兰州——武威——张掖——酒泉——瓜州——敦煌——玉门关——阳关——大柴旦——格尔木——西宁——同仁——贵德——夏河——郎木寺——九曲十八弯——红原——马尔康——牟尼沟——麦积山——西安——洛阳——郑州——北京。这中间每两点间距离都要标出来。其作用一，为您整个儿行程提供可靠依据。比如：我们出发那天不打算在宣化、呼市、包头停留（因为曾去过多次了），那么看看当天停在临河（蒙语是“巴颜淖尔”）合适否？一计算820公里跑高速恰好是一天行程（高速路如不塞车，一切顺畅一天可跑800—1000公里），若早5点出发到那里大约是下午3点。再比如：我们打算从敦煌去玉门关一游多远呢？一计算120公里，约2小时车程（省道），资料显示离玉门关50公里处还有河（仓）古城（土路）；250公里处在甘肃与新疆交界处有一处丹霞地貌，去否？50公里土路约1个半小时车程可以考虑，而250公里外的丹霞地貌需6、7小时单程，加上2小时自玉门关至敦煌，当天无论如何回不来。在丹霞地貌留宿？几辆车同时结伴而行还可，单车危险系数太高，舍去！您看，这就是依据之所在。其作用二，为您爱车保养提供可靠数据，安排保养点，布好棋。我们的车一般5000公里需要进行一次保养。假如我们出发前恰恰刚保养完，行驶了2200公里，那么下一个保养点在哪儿呢？一计算出来了！从北京走北线单程2800公里就是敦煌；2200+2800，到敦煌正好是5000公里保养点。再下一个点在哪儿呢？依据数据推算又出来了——西安！那么敦煌、西安这两个点有没有您爱车的4S店呢？您事先可要做准备了！关于这个问题本书后面还要详细谈，在这儿先打个招呼。精确计算是必不可少的一件大事！

四、安排宿营地，推敲日程

第四步必须把您留宿地初步定下来，因为这个牵涉到整个儿计划日程的推敲调整问题。假如我们第一天在“巴颜淖尔”——临河留宿；第二天、第三天在银川；第四天在武威；第五天张掖，第六天瓜州，第八天第九天敦煌……这样依次类推下去您此行总天数就出来了，比如是35天。那么它与您最初打算是不是相吻合呢？这就是推敲与调整。您调整过程中一定要打出两天的余量作为机动。因为“智者千虑必有一失”，我的经验，每一次外出都会出现你不曾想到的意外，日程绝不能“严可严儿”一点余地没有……一次敦煌行就出现了意外，当我们在川西大草原时，汶川那里公路塌方，运油车过不来，整个川西没汽油了，我们差点被困在那里！有一次在浙江江东天目山，数码相机意外出毛病了……修不修？不修下面日程还很长，不拍照了？要修，去杭州电子市场快修也得两天哪!还有一次在广西南宁发现一个重要文件包丢在德天大瀑布的宾馆，只好回去取！一句话一定要留有余地！

五、形成计划书——范本

第五步就是要把它写成计划书，一来在成文过程中还会发现问题，二来您给自己保留了一份完整资料。只要一天不出发，您的计划随时可以修改，您听到好景点可加上，听到已定那个景点没意思也可以去掉。其实这就是一本完整的战术作战计划，只要战斗没打响就会一天不断地修修补补更更改改，直到战斗打响那一刻……计划书越细，战斗胜利的把握性就越大。

下面我给您一个近程自驾游做功课后形成的计划书。以北京为出发地，目的地为河北易县的狼牙山，此计划春夏秋冬皆宜，春季有草莓，秋季有柿子、栗子及各色水果。我假定时间为春季——草莓收获季节。

第一天：

早5：50丰台区杜家坎收费站集合

6：00 准时出发，走京石第二高速即京昆线

7：30 抵达保定，择机用早餐

8：30 抵保定直隶总督府游览——中国境内保存最完好的省政府官邸，曾国藩、李鸿章、左宗棠……都曾在此任职

11：00 游毕，在总督府西侧百年老店“望湖春”午餐，品招牌菜，用完餐请到马路对面老马家扒鸡店（清真）买扒鸡，在旁边酱菜店买保定特色酱菜

13：00 出发西行赴满城，途中经过中国北方最大草莓基地，下车采购

14：30 抵满城“汉代中山靖王汉墓”坐缆车上下可节省时间

17：00 出发赴狼牙山

18：30 抵达山下住宾馆、作家山庄、农家乐自选、晚餐后备些馒头、烙饼

第二天：

早7点用早餐

8：00 开始爬山——带上水、扒鸡、馒头、烙饼、酱菜、草莓等

午11：00 登顶棋盘坨

休息、野餐、搞各种活动

狼牙山顶峰棋盘坨

下午13：30 下山

15：30 抵山下稍休息

16：00 出发回返

晚中途择机晚餐

晚上8：30或9点抵杜家坎解散自行回家，两日游结束。

时间久了，餐馆、饭店会有变化，请注意。

注：在狼牙山的野餐一定要丰盛些，既可以北京出发前就准备些罐头、熟食、面包、水果等，也可以在保定买扒鸡、酱菜，晚上在狼牙山脚下用晚餐或第二天早餐时买些大饼，咸鸭蛋带上。第二天晚餐既可在途中，也可以回京后自行解决。

这个范本优点是适合一般家庭郊游踏春，也适合企业机关院校党团活动，既有爱国主义教育，又有革命传统教育。俯瞰祖国大好河山，仰望五壮士纪念塔会令人热血沸腾，终生不忘。半天爬山活动不太累却有一定的体力指数，饱口福方面有招牌菜地方特色老马家扒鸡、保定酱菜，还有草莓，可谓荤素搭配，人文景观内涵丰富，从汉代国宝级金缕玉衣到清代天下第一完人工作生活的地方，再到现代抗日战争红色经典跨度两千年。而且它还有拓展的余地。

东面有白洋淀，南面有曲阳北岳大庙，西面有阜平瀑布群，驼梁空中草原，可以形成4、5日游，归根到底一句话“功课是非做不可的”。

在做功课时，我希望您千万别忘了关注一个问题——那就是少数民族节日。

· 少数民族节日

中国有56个民族共生共存，形成了灿烂的民族文化。一些少数民族的节日极具特色，我们从开始做功课就要留意这些信息，从整体日程安排上最好与这些节日“叠加”起来，这样您可以“零”距离地感受民族文化的强烈冲击。节日里少数民族兄弟身着盛装，载歌载舞，射箭赛马，举行各种祭祀活动…… 那种热烈的场面、气氛是您永远想象不到的…… 做功课时多动些脑筋，安排得细致些，最好在节日前一两天抵达，参加了让您终生难忘……让您的自驾游锦上添花。

我们就是遵循着这样理念，这些年有幸参加了黔东南苗族13年才轮回一次的鼓藏节；青海玉树地区8年一次的藏族大赛马节；云南景颇族有史以来规模最大的“目瑙纵歌”节；云南德钦藏历新年；傣族泼水节；蒙族“那达慕”大会等许多少数民族节日及一些民俗活动。

我们于“苗年”的前三天，11月7日抵达了贵州省凯里市雷山县的西江千户苗寨——这是全世界最大的苗族聚居的村寨，顾名思义——有一千户人家。它已被列入“世界文化遗产”预选地。它迎来了每13年才轮回一次的“鼓藏节”，一进寨子便感受到了浓郁的节日气氛，家家户户张灯结彩，杀猪宰羊，人来人往、热闹非凡……提起“鼓藏节”不能不从苗族的历史说起，据说早年蚩尤和黄帝在河北逐鹿大战一场，蚩尤战败带着人迁移到了南方，这就是苗族的先人。先人们认为他们的始祖是一只大蝴蝶，大蝴蝶生了12个蛋，这些蛋孵化成了猪、狗、牛、羊、马、鸡、鸭等，其中有一个是人。于是人与这些家畜共生共存和谐相处，一代代延续了下来……先人们认为人死后其灵魂会藏在祭祀时敲打的木鼓里，每过完12个苗年到第13个苗年，便是“鼓藏节”了，他们要把深藏在山洞或祠堂里的木鼓请出来，举行盛大的祭祀活动…… 从而让先人的灵魂与活着的人共同享受快乐时光，一起喝酒吃肉唱歌跳舞…… 而后人们再举行祭祀，将先人灵魂请回到木鼓里，将木鼓深藏起来让灵魂安静休息，待下一个第13年的到来。苗族“鼓藏节”已列入国家级非物质文化遗产。由于苗族先人迁移的时间有先有后，因此不同地区的苗寨“鼓藏节”各自按照自己确定的轮回日期举行，不是统一的，各自为政。

西江苗寨地形是两山夹一江，民居沿江而建，由江边一直排列到山顶，十分壮观，江水清澈见底从苗寨穿过，将寨子一分为二，江上有多座木桥，将两岸连接起来，江边有许多古树、古亭，古建筑、古街巷……古街内大青石板铺路，曲曲弯弯，旅店、酒肆、小店一家挨一家，置身其中恍如进入时光隧道……回到了几百年前……南面江边是寨子正门，有一停车场，由于寨内街道窄小而弯曲，所以除必须运送生活物资的车辆，其他车一律停在车场。我们下榻的旅店是一个建在江边的木结构三层小楼，由于“苗年”临近房价已由平时60元上涨到150元，老板说到“鼓藏节”那天要涨到350元。苗寨里有一处非常好的博物馆，里面展出苗族的历史文化，我们边游览边通过各种途径获取信息。我们原计划用三天在这里参加“苗年”及“鼓藏节”活动，但出现新情况，打乱了我们计划。原来“鼓藏节”既是苗族祭祀先人的节日，也是一个合家大团圆的节日，只要那里过“鼓藏节”，周边几十公里的亲朋好友、乡里乡亲，只要沾一点亲属关系的都要向那里聚集。去时要带上整坛的酒，挑着鸡、鸭、鱼肉做为礼品，十来天的团聚祭祀结束，临走时一般每一户人家要带走一只猪腿肉拿回去分享。我们一算计真是吓了一大跳…… 苗族老乡告诉我们，一般每一户人家要接待十里八寨的亲属三四户，大人、孩子十来个人…… 十来个人住上十来天，而且天天要好吃好喝，得准备多少好吃的？多少好酒？而且走时若两户人家就带走半头猪！若四户人家每户一只猪腿肉就是一头整猪哇！难怪这两天我们见到运来二三百头猪，半天功夫就卖光了！又运来二三百头半天又卖光了！敢情每户人家不存个三四头猪是过不去这个节的……我认为接待客人是最累人的一件事了，而人家苗族同胞却乐此不疲。一般客人到来的时间是“苗年”当天下午开始，直到第二天陆续地来到……这可就出现大问题了……如果寨子小，十几户、几十户问题也不大，而西江是一个一千多户的苗寨。我们假设每户接待十位客人，就是一万人哪！这得开来多少汽车、拖拉机呀！而且这些车来了是不走的呀！这样的话肯定是一个结果——大塞车！据悉去年过苗年整整塞了十余天！这里的山区公路本来就比较窄，而且不像平

盛装苗胞

原，车可以放在地里……这里除了山就是江，只能停在路上，其他地方无处可停……据旅店老板讲，人可以走进走出，但里面的车出不去，外面的进不来，去年十几个住他店里的自驾游朋友东北来的，被困在这里整整12天！另外得悉苗年当天雷山县在县体育场要举行大型庆祝活动……

此时，我们面临两种选择：一是在西江苗寨过“鼓藏节”，优点是这里是世界第一苗寨，活动当然丰富多彩，缺点是被困无疑，而且一天350元房价……我们原计划用三四天参加这里活动，十余天是太多了。二是以雷山县为基地参加周边寨子活动，视情况必要的话可以“杀回”西江，进可攻退可守。在这两者之间我们选择了后者——因为优势明摆着——主动权在自己手中。

苗年当天早上5：30，我们从停车场出发，此时沿江边公路两侧足足有二三公里已经摆满了各色各样卡车、面包车、拖拉机……我们从夹缝中在路还没有被堵死的最后一刻勉强地挤将出来……此情此景让我们着实地捏了一把汗！因为哪怕再过一个小时，我们想出也出不来了……上午9时我们抵达雷山

盛装苗胞

县，这里一派节日气氛，街上彩旗飘舞，人们都穿着节日盛装，脸上喜气洋洋，我们首先找住处，发现全城“爆满”。几乎所有的宾馆、招待所，包括小旅店全部“客满”，而且甚至连走廊、宾馆前厅都加上了床位……这阵式我们还真没遇到过，怎么办？我们不灰心不放弃……好在我们有车，全城乱转“地毯式”搜索，功夫不负有心人，终于让我们在县城一个偏僻的小旅店安顿了下来。而后立即驱车去县政府，到了传达室一问，敢情办公楼里已空无一人，全体人员都到县体育场参加今天庆典的服务工作去了。接待站在县宾馆，我们又赶往县宾馆，前厅里宾客如云、热闹非凡。工作人员热情地接待了我们，而后我们用退休证登记领到了贵宾席的观礼票，以及整个“鼓藏节”期间全县活动的详细日程表。至此，我们一块石头总算落了地，心里也踏实了——有了住处，有了观礼票，有了日程表，主动权就在自己手中了。

待我们出了宾馆，满大街全是身着苗族盛装参加庆典活动的苗族同胞了。在我们56个民族的大家庭里，苗族的服饰是非常漂亮的，独具特色，别具一格。它最大的特点是在艳丽的服装上又搭配上华贵的银饰，不但头上有，而且脖子上、胸前、手腕上以及服装上也钉满了精致、亮丽、用手工精心制作的银饰。一个人身上能配带几斤重，甚至十几斤重的银饰。不但走起路来哗哗做响，而且银光闪闪显得辉煌、耀眼，极其华贵漂亮。各个地区各个村寨苗族服饰各不相同。甚至两个邻近的寨子，颜色款式也都不一样，这就形成了千姿百态的苗族服饰。我们到街上一看，真有些眼花缭乱、目不暇接了。特别我爱人是服装设计师，对这种原生态的民族服饰更钟爱有加，我们端起相机就是一阵狂拍，深知这是一生中千载难逢的好机会呀！两台相机，同时开火，向机关枪一样……越拍越兴奋，越激动……仿佛我们是阿里巴巴进入了摆满宝藏的山洞了……

此景此情也使我联想起那年在玉树参加8年一度的大赛马节……玉树地区的藏族服饰以雍荣华贵、价值连城而著称。通常一套藏装，头饰要几代人、十几代人相传下来成为传家宝。譬如这代人卖牛羊有了钱便在服装上加上两颗宝石，下一代再加上几个纯金钮扣，再下一代搞一张虎皮……所以衣料极其考究，上面装饰着珍珠玛瑙、珊瑚猫眼、翡翠宝石、真金白银，全是货真价实的宝贝……一套服装加头饰价值几百万元！这样贵重当然要做好安全工作，凡是参加服饰表演的各个地区，县、市派出所一律派武警公安武装护送。服饰表演时参演人员男的都是身高马大粗犷的康巴汉子，女的则是全地区、全县选出的美女，穿着珠光宝气、价值连城的服饰走在中间，而前后左右有十几个武警公安，手持冲锋枪荷枪实弹负责保卫，县公安局长或派出所长腰别手枪，手持报话机现场指挥……那个阵式看后让您一辈子也忘不了……

下午2：00在礼炮声中盛大的庆祝活动拉开了序幕，整个表演由展现苗族先人向南迁移的故事做为开始，先人们克服重重困难跋山涉水，艰苦创业……直至巨大的彩色蝴蝶由气球牵引飞向空中，生下的12个蛋孵化成12种生物共同建设美好家园结束。中间穿插歌舞、祭祀演出，令人目不暇接，精彩纷呈，特别是雷山县各个苗寨的服饰表演简直就是一次视觉的盛宴，极具冲击力！我们是在砰然心跳、饱含热泪的激动情绪中，看完了整场演出，据说这是贵州电视台第一次对一个县的活动进行了现场直播。当我们随着兴高采烈、意犹未尽的人群走出体育场来到县商业街时，发现沿街一些店铺已经开始出售演出实况转播的“DVD”了，我立马买了一盘，我真佩服这些商家，抢占商机动作之快！随后两三天我们一直以雷山县为中心，四处出击，按县里提供的活动日程表，参加县周边苗寨的各种多姿多彩的民俗表演及祭祀活动。西江苗寨我们没有再去，因为得到消息六七公里以外便塞车进不去了，步行单程要走3个小时，加上汽车开到那里近2小时，返程将近10小时。我们只好放弃了……我们的体会，好的景点，好的活动，好比自驾游这根线上的一颗颗珍珠。而少数民族节日这颗是最璀璨和耀眼的！

有一年我和我爱人在泸沽湖畔过大年初一（泸沽湖3/5在四川，2/5在云南），和彝族纳西族兄弟姐妹围着篝火唱歌跳舞，然后在丽江停留了两天，穿越了虎跳峡及哈巴雪山下的无人区，经过了纳西族圣地白水台，及碧塔海抵达了迪庆藏族自治州，也就是常说的“香格里拉”，在那里参加了藏历新年庆祝活动……提起“香格里拉”我这里想多说几句：香格里拉是藏语“世外桃园”的意思。其含义和我国古代大文学家陶渊明写的“桃花源记”中情景相似，都是远离尘世的人间天堂。我自驾游这些年发现很多藏胞都称自己家乡为“香格里拉”，如甘南的郎木寺，迭部；川西南的稻城，亚丁，乡城等，而现在在地图名册上正式注册的“香格里拉”是云南迪庆藏族自治州首府中甸也叫建塘镇。这里面还有个故事：话说改革开放后中央下令停止砍伐木材改为进口，迪庆这个以砍树为生的州断了财路，州领导一筹莫展。有一次去昆明开会，偶遇

泸沽湖畔

一位马来西亚老华侨，他听说迪庆风光不错想去看看，州领导热情接待了他，他游览了碧塔海许多自然风光后大为震惊……临行前他和州领导彻夜长谈……他讲他早年看过一本英国人詹姆斯写的小说《消失的地平线》，书中所描述的情景和他见到的情景很像。原来这部小说是写二战开辟驼峰航线时，一架飞机失事，飞行员跳伞被一些人搭救收留，为首的是位法国神父，这群人来自全世界，大家共同劳动，共同享乐，远离尘世，远离战争，居住地叫“香格里拉”，老华侨讲迪庆地区也有法国教堂，种葡萄酿酒，简直和书中一模一样，你们这里就是“香格里拉”呀！州领导一听茅塞顿开，找来书一读还真是这么回事儿，于是立即给中央写信。中央开会召集全国顶级专家齐聚迪庆考察论证后，专家一致同意以“香格里拉”之名开发旅游。朋友们要去“亚丁”旅游，会发现人家在大石碑上也刻着“香格里拉”四个大字，您千万别“打假”，这和真假“王麻子”可是两回事儿。我认为这是在改革开放中出现的一种“独特”的带有“地方色彩”的文化现象。您大可不必认真，高兴了给您自己书房叫“香格里拉”也未尝不可。书归正传，我们离开香格里拉经丽江、大理，赴芒市。赶到那里准备参加景颇族的“目瑙纵歌”节活动。我们按日期提前一天抵达。到那儿一看：大街上彩旗飘舞，待住进旅馆一打听傻眼了！人家告诉我们上午已经开完了……这是怎么回事？我们赶忙到文化馆去打听，人家说我们是奉上级指示提前一天召开。他们说别灰心，明天瑞丽照常举行，你们可以去参加。第二天一早到了瑞丽，得知也是提前一天开过了……文化馆同志说真正目瑙纵歌节的“根”是在陇川县，那里是景颇族人聚居之地，后天要在那儿举行，中央要来人，省领导也参加，你们去陇川吧！但去陇川要翻山……我们一想大老远来了，现在是三拜九叩就差一哆嗦了，无论如何也要坚持到底！第二天一早便出发了，我们小心翼翼地驾驶着车辆，最令我们难忘的是下山，由于山脉的走向形成下山的路在不停地画着S型，这S型可不是几个十几个而是一走便几十个，并且半径很小，这样坐在车里右晃左晃……就会犯晕……我们很快感觉到了……车速一降再降慢慢地开，缓解玄晕感觉。而令我们奇怪的是，挂着当地车牌的车子不论大车、小车呼啸而过快速冲下……熟练地画着S型，很快消失在视野中……嘿！我们俩就纳闷儿了，人家当地人怎么这么厉害，啥都不怕？个个儿像飞行员的前庭平衡器官？您说司机不怕可坐一大车人咋都不犯晕？看来不佩服不行！服啦！服啦！心服口服！！走了40多分钟，画过最后一个S型，拐弯后就是很长的一段直路，我远看有大小车十几辆排在了路旁……看来前面有交通事故！我们慢慢开了过去，渐渐看清楚了……我们俩差点笑喷了……原来几十个人一字排开蹲在路旁在呕吐……那场面这辈子再也没见过……下午到陇川，我们直奔县广场。到那一看心凉了……知道没戏了！因为我们看见工作人员正在拆台，有的扛音箱，有的收电线……我们那个郁闷劲儿就别提了。我们索性把车停在广场上支上折叠椅喝茶休息了……我跟爱人说“咱们成了电影五朵金花了……人家男主角阿鹏哥围着苍山洱海追金花……咱们俩围着高黎贡山追目瑙纵歌节……看来人算不如天算哪！该着咱们没那福气……”正聊着一个当地工作人员走过来，一看我们北京的车牌便过来搭讪，问我们要去哪儿？我们便向他诉起苦来……那人说：“你们福气太好了！来的不早不晚，真正的目瑙纵歌节，明天上午9：00在距这里40公里的三官坝举行！”我们一听简直糊涂了……那人原来是县文化馆的，便原原本本给我们上了一课。目瑙纵歌是景颇族一年一度最盛大节日，但文革前各自为政，大约在春节后20多天内择期而办，而且都说自己是正宗、正根儿，谁也不服谁……文革后拨乱反正，正本清源，全世界、全国的景颇族代表召开了几次大会，去年最后定下来，发祥地正根儿是陇川县三官坝镇，明天将在那里举办有史以来规

目瑙纵歌节

模最大、参加人数最多、最正宗、最团结的第一次三官坝目瑙纵歌节。哇塞！我们太高兴了！来早不如来巧，这回我们赶上了！我们立刻驱车去三官坝，到那里一看，真是人山人海……因为同时举办的还有物资交流大会、骡马牛羊交易大会、赛歌大会、赛舞大会、赛牛大会、农用机械展销会等等，各路人马、小商小贩云集，连附近几省的马戏团都支起大棚凑热闹。会场中心有块大石碑，碑文上写着目瑙纵歌节悠久的历史，三官坝被最终定为发祥地原由，以及感谢镇政府提供永久场地，感谢海内外捐款云云。以会场为中心，周围的坡地上临时搭建了上千顶各色帐篷，镇上小旅店爆满，据说当晚有上万人露营，当时七点多我们看见周边大山上已点燃了多处篝火，闪闪发光，像天上星星一样，我们当即决定返回县城。

第二天，我们早早起床收拾停当。刚吃完早饭就听见警笛声声，原来中央及省领导的车队过来了，我们待车队过完就跟在了后面，一路上风驰电掣，沿途负责警卫的武警及民兵都给我们敬礼。我们感觉很威风，心中洋洋得意，我边开车边高兴地跟我爱人说："知道什么叫'狐假虎威'了。"她听了哈哈大笑……就这样我们随车队开进了会场，停在了主席台后边，并被客气地迎上了主席台。这时我才明白，原来我们前面有几辆北京车牌的车子是新华社和人民画报社的，人家误把我们也当成他们。我爱人悄悄地对我说：“知道什么叫滥竽充数”吗？我们就是现代版的“滥竽充数！”我们俩会心地笑了。会场上气球高悬，彩旗飘舞，来自世界各国的景颇代表齐济一堂，还有来自美国、加拿大、南非、欧洲、缅甸、巴西、阿根廷，甚至有来自冰岛的嘉宾！首长讲话后，鸣礼炮，由十几个武警战士用冲锋枪向天上打空包弹（无弹头的子弹），噼哩叭啦响成一片，小孩子们争抢弹出去的弹壳……而后盛大的舞会开始了，据说要连跳三天三夜！我一看男人跳舞手中要挥动一把大刀的，于是赶紧买了一把腰刀，挥动着钻进了群众跳舞的洪流中，到处是欢乐的人群，到处是欢声笑语，我们沉浸在这欢乐的海洋之中……

少数民族的节日是异彩纷呈，在新疆喀什参加的维族“斋月”的民俗活动也令我们终生难以忘记。人们都说没到过喀什不算去过新疆，的确是有道理的。因为喀什是维吾尔族文化底蕴最深厚、最丰富的地方。我们在乌鲁木齐、伊犁都听说喀什的斋月活动最具特色，这在新疆其他地方是看不到的。正因为如此，我们慕名而去。

我们下榻军分区招待所，从这里步行没多远就是著名的喀什清真寺。下午5点许，当我们漫步在大街上，发现活动已经开始了……许多“志愿者”在街口或者大街上较为宽敞的地方，铺上了地毯，上面摆放了许多餐具，在斋月期间做为穆斯林在太阳下山前是不可以进食的——俗称“罢斋”。在斋月期间许多穷苦的人和无家可归的人因找不到食物而挨饿……所以千百年来形成了一种“民俗”即在斋月期间要实行施舍以普度众生。我们向街上一些维族长者请教，他们说古兰经中讲道：

喀什清真寺

四海之内皆兄弟，既然大家都是兄弟姐妹，有了困难当然要互相帮助了。正说着，只见许多人开着汽车或骑三轮车，推手推车从四面八方涌来。车上都装载着丰盛的食品和各色服装，有新鲜的葡萄、哈密瓜、香蕉等各种水果，大保温桶里香喷喷的手抓饭和热腾腾的手抓羊肉……他们把一件件崭新的干净的衣服挂在大的支架上面——有西服、呢子大衣、皮夹克等，一双双擦得锃光瓦亮的皮鞋摆放得整整齐齐……我十分不解地问长者这衣服、鞋干什么用的？原来这些也是用来施舍和救济穷人的。不一定要求是全新的，但必须是八九成新，而且一定要洗得干干净净，熨得平平整整才行，以表示自己对此举的尊重。我开玩笑地问长者，我可以挑一件吗？长者说当然可以了，大街上所有的人谁都可以去挑选，合适就穿走……此时太阳已接近下山了，一些接受施舍的人，已经挑选好了自己合身的衣服及皮鞋，盘腿坐在地毯上，接受志愿者为他们倒水洗手……太阳慢慢地下山了，喧闹的街头不知怎地一下子安静了下来，只见人们都在默默地等待着……

这时，从喀什清真寺高塔的顶端，传来了悠扬、高亢的诵经的声音，那声音仿佛是天籁之声，在这安静的暮色中，显得格外的悠扬而悦耳……我虽然听不懂在说什么，但是它抑扬顿挫的声调，铿锵有力的韵律一下子打动了我，走进了我的心灵深处，不由得令我肃然起敬、激动万分。此时，街上所有的人都摊开了两只手，向声音传来的方向默默地祈祷……片刻，诵经结束了。从清真寺旁边一个街角的楼顶上传来了一支民族乐队演奏的欢快的乐曲，伴随那熟悉的手鼓，敲击出优美而又有节奏的鼓点，一种轻松欢悦之情感染了每一个人，这昭示着人们可以进食了，志愿者们热情地把一勺勺香气扑鼻的手抓饭、手抓肉分给人们……在落日的余晖中人们尽情地享受着美食带来的欢乐，此刻街头店铺中烤包子、烤囊也纷纷出炉，空气中弥漫着诱人的香气……我被这情绪、气氛感染得有些陶醉了！忽然有人碰了我一下，原来是分发食品的志愿者送给我和我爱人每人一串洗净的葡萄和一角哈密瓜。啊！好甜的葡萄和哈密瓜呀！我们边走边吃，心里涌动起一丝甜美的感觉。正走着，路旁一个卖切糕的小贩向我们招手。我们过去一看，原来这个维族小伙子把他的切糕均匀地切成了小块，他示意让我们每人取一块，见我们不解？他解释说：“太阳下山了嘛！不能再卖啦！我要把它分给大家吃，大家都是兄弟姐妹嘛！”

晚霞染红了天边，给喜悦的人们脸上带来一层金色的光芒。我们漫步在回招待所的路上，谁也没有说话……静静地思索着……生活原来是这般的美好！人与人之间原来充满了这么深厚的友谊、仁爱……四海之内都是兄弟姐妹，这原始古朴的理念，强烈地冲击着我的心扉……只要人人都献出一点爱，那么这个世界将会变得多么美好啊！

· 饮食文化

中国是一个饮食大国。有悠久的饮食文化历史，五千年来形成了九大菜系——川菜、鲁菜、湘菜、徽菜、浙菜、粤菜、闽菜、淮阳菜、赣菜。因此在做功课时一定要把“吃”考虑进去。既要玩儿好，也要吃好，即要饱眼福，也要饱口福。资料收集不全不要紧，“临时抱佛脚”也来得及。我记得我们十几年前第一次去扬州，当时关于美食资料很少。我们在宾馆吃饭时边吃边和大厨攀谈，很快搞清楚了扬州有多少家“百年老店”，每家都有什么“招牌菜”，而且当场一一标在了地图上。而后我们在扬州游览的日子里每顿午餐、晚餐都光顾一个“百年老店”，景点游览完了，招牌菜也品尝完了！真是一箭双雕！因此要把“饮食文化”当作一个重点项目来对待，要把它写进计划书，甚至把它锁定标好要去城市的详图上。

福建“沙县小吃”全国闻名，当您去福建时应当拿出时间光顾一下。四川小吃人人皆知，但最著名要属“广汉”（成都北40公里，“三星堆”所在地），自古以来就有“食在四川，吃在广汉”一说。广汉还是中国名菜“回锅肉”的故乡，参观完三星堆，品“回锅肉”、吃小吃岂不快哉！中国有些地方菜甚至有近两千年历史，四川广元、剑门关最著名地方菜叫“张飞豆腐”，想当年“三国”时张飞任蜀国“北方军区司令”坐镇“阆中”（中国四大古城之一）（四大古城：四川阆中、湖南凤凰、山西平遥、云南丽江），经常骑马去北部边界剑门关巡视，石板路太阳晒，太热，他以身作则带头种树，至今几十万棵国柏长成了几个人都抱不过来的参天大树。这条路现在成了全世界罕见的保存最完好、最古老的古驿道——“翠云廊”。张“司令”到了剑门关，那儿豆腐是出了名的，但没有“肉”俺司令如何下酒？来人哪！把大肘子和豆腐给俺炖在一块儿。今天朋友们到了剑门关，千万别忘了品尝这道菜，吃完后会有豪气冲天的感觉！想当年，李白“同志”在铜陵采石矶（由于站错了队，犯了路线性错误心情郁闷）喝高了，坐船吟诗中精神恍惚，溺水而亡……后代文人墨客蜂拥而至，去后不免要饮酒赋诗，以示追思之情……于是采石矶最著名的菜馆“第一楼”应运而生。古人有云“悠然入古镇、独上第一楼”。您若到采石矶怎能不光顾“第一楼”呢？品尝完招牌菜，再到江边凭吊李太白先生，说不定借着“仙气”有感而发，您也能吟出几首好诗呢！我觉得吃好，就好比画龙点睛，玩儿了一天很累，但走进一家极具地方特色的菜馆，美美地品尝一顿招牌菜，那个舒服劲儿就甭提了！它给您这一天画了一个圆满的句号！拿北京来说就好比白天游居庸关长城，晚上吃全聚德烤鸭！

得莫利炖鱼是东北地区一道独具地方特色的佳肴。首先我们一听“得莫利”三个字就会很自然地和游牧民族联系起来，得莫利地处哈尔滨东北方向，早年是个小鱼窝棚。相传有个老头在这儿把从江里打上来的鱼卖给路人吃。有一天一下子来了许多客人，老爷子大锅里炖的鱼不够了，临时做也没有鱼了，于是老爷子把一锅红烧肉倒进了大锅，加了许多粉条，一看还不够，又加了许多豆腐来了个乱炖。没想到客人吃了都说好！一传十，十传百，老爷子这道菜就享誉东北了。我每次去东北都要品尝这道菜，味道极美，实际上这道菜没那么简单，有许多绝密的配方，从不外传。据我所知炖鱼过程中要加一味当地的植物——“巴蒿”，加上了它其味无穷。渤海国人、女真人、金人、辽人，直到近代的满人长期生活在白山黑水之间，是他们长期游牧渔猎的生活蕴育出了这道名菜。

前文说到目瑙纵歌节我们跳舞跳累了，便出来寻找美食，我们问一位当地干部三官坝这里最具传统的美食是什么？他说那就是过去我们族长过年时才能吃到的美食。我们请他带路帮我们找一家做的最好的摊位，到了那里，他说：“要好好给北京来的客人做过手米线”。说罢他还有事走了。我和我爱人相对一笑，一刹间我们心里都明了，没搞错吧？不明明是“过桥米线”吗？哪里来的“过手米线”……老板见是镇上干部带来的北京客人，自然不敢怠慢。叫来老板娘及女儿全家上阵忙碌起来，边做边介绍。原来这道美食是景颇族规格最高、最具特色的，只有在祭祀活动中、过年（即目瑙纵歌节）族长才能享用，一般平头百姓是不允许吃的，因为族长食后要和天神通话“汇报请示工作”。用料极其讲究，做工要细……首先要切下一块烤好的野猪肉，而且是最好的部位，瘦肉4份肥肉1份（必须是野猪肉，不能用别的

过手米线

代替，否则是对神的大不敬）。而后在案板上用刀剁烂，边剁边按顺序加入十几种香料，我边看边纳闷儿，把肉剁这么烂看起来不像是包饺子用，做肉饼？也不是！看起来有些类似馄饨馅，难道是包馄饨？可这和“过桥米线”挨不上啊？这个过程足足剁了十多分钟，肉变成肉泥了……我又想会不会向汤里下肉丸子？老板说“好了，可以吃啦”！边说边打开大笼屉，热气腾腾端出两盘用青菜汁做成的绿色米粉。我们俩望着这两样东西，颇有些丈二和尚摸不着头脑！这肉泥与米粉风马牛不相及呀？老板看出了我们的不解，让老板娘端来洗手水，洗后老板说给你们二位贵客做个示范，说罢用手把那绿色米粉捏一些放入左手手心，再捏些肉泥，然后顺嘴一抹吃了，至此我们俩心中只有惭愧，深感自己的无知和孤陋寡闻。这是景颇族兄弟在长期刀耕火种生活中沉积下来的原生态文化，原生态美食啊！

洛阳称“十三朝古都”，从夏起，华夏民族便在这里建都。古人云“洛阳城郊无闲土，尽是前朝人旧墓”，洛阳墓葬博物馆，馆藏之丰富，规模之大堪称世界领先，陪葬品中有大量器皿是炊具、餐具，而绝大多数是用来盛“汤”的。洛阳水席不但全国绝无仅有，全世界也绝无仅有。您去吃端上桌的全是大碗，几个、十几个、二十几个……而且全是汤汤水水……这两者之间难道是偶然的吗？答曰“否”。我个人认为洛阳水席是中国古代饮食的“活化石”。西安泡馍无人不知、无人不晓，古人云："八百里秦川，尘土飞扬，三千万人民闹闹嚷嚷，吃一碗泡馍喜气洋洋，没有辣子哭爹喊娘。"下面我们用西安话再念一遍就更能体会它的韵味。"拔败哩旗川，尘土匪扬，洒千万扔命闹闹嚷嚷，七也碗跑莫席旗痒洋，莫有辣子苦蝶喊娘。"好了！您现在更能够知晓"羊肉泡馍"在秦川人心中的位置了。这虽然是一句顺口溜，但是它却反映了一个大问题，饮食文化在一个民族中、在历史中是何等的重要。我们可以想象当年秦始皇如果在战前动员大会上宣布："今天打了胜仗，朕犒赏三军，晚餐羊肉泡馍辣子管够！"全场欢声雷动的场面……中国的饮食文化是世界上独一无二的，中国的饮食文化传承与发展更是世界上独一无二的。我们自驾游到各地品尝的不仅仅是美食，品尝的是我们民族的文化，民族的历史。

"叫花鸡"，朋友们都熟知，是杭州西湖"楼外楼"的招牌菜，但朋友们可曾知道它的原产地，根儿是在太湖边的常熟也就是沙家浜、阿庆嫂时不时进城的那个地方。有一年我们游常熟从翁同龢故居出来（翁同龢，清朝——咸丰、同治、光绪三个皇帝的老师），旁边一个"百年老店"正在举办"纪念叫花鸡诞辰一百周年"的庆典活动。门前车水马龙、彩旗飘舞，商业部及省厅都送来大花篮以表庆贺，我们自然不会放过这机会，挤将进去，大吃一顿。在叫花鸡百年诞辰之际，在最正宗的百年老店吃百岁叫花鸡，一生中绝无仅有！"叫花鸡"诞生在环太湖流域不是偶然的，这个地区是咱们中国最富足的地区，也是中国饮食文化历史最悠久集大成之所在地。至今代表着中国饮食文化的"最高水平"。请注意，我这里所说的"最高水平"和前面提及的"百年老店"招牌菜的概念有所不同，我所说的是草根儿阶层，平民百姓、小弄堂里的水平。去年三月我去苏州，再次印证了我的这个看法，这次我们住在了市中心的一个小旅馆里，中午出了门顺着飘逸的香味，拐进了旁边的小弄堂，原来这儿有一个老字号熟食店，刚出锅的各色熟食制品琳琅满目，散发着诱人的香气，服务员穿一色工作服、帽子、戴着口罩，给人一种洁静、正宗与放心的感觉。我们花20元买了半只酱汁鸭及三两多叉烧肉，服务员把带着余温的肉制品给我们装到饭盒里。向前走几步便是一个面点店，刚出炉的黄桥烧饼及生煎包子滋滋作响，我们又花10元买了4个黄桥烧饼、6个生煎包子，便回到小旅馆旁一个小吃店里，要了一碗热腾腾的牛肉粉丝汤和一碗鸭血汤吃了起来……酱汁鸭、叉烧肉是那样香甜可口，黄桥烧饼松软酥脆，生煎包子一咬一口浓汤满嘴飘香，两种汤各具特色！我边吃边大呼过瘾哪！太棒啦！朋友们要知道一共33元钱呐！恐怕您单位内部食堂也做不出来呀！我们夫妇几乎走遍了全国，这是其他任何一个城市大街小巷都享受不到的。而在苏州这些小店遍布全城每个角落……我们真羡慕苏州老百姓的口福哇！

· 升华到更高层面

做功课不可能总停留在一个水平上，随着您去的地方愈来愈多、您的视野越来越开阔、您的知识积累越来越丰富，做功课也必然升华到更高、更深的层面，我们就经历了这样一个过程。我们所关注的焦点已经由表及里向纵深发展了。

有一次我住在桐柏山深山的古刹里，夜晚与住持攀谈起佛教的由来、现状……在聊天的过程中我萌生了一个大胆的想法，即利用自驾游走遍大乘佛教在中国几个宗派——禅宗、密宗、天台宗、法眼宗……的祖庭。于是我开始做功课翻阅查找大量资料……经过努力，线索逐渐清晰起来。先说中国佛教最大宗派——禅宗，伽叶为释加牟尼大弟子，他在公元前891年（西周时期），遵照佛祖释加牟尼遗嘱带着佛祖金袈裟来到云南鸡足山入定。后人称伽叶为禅宗的初祖，鸡足山祝圣寺为禅宗第一祖庭。祖师达摩乃印度人，不远万里来到广州下榻华林禅寺（广州珍珠市场旁边）面壁八年坐禅，不久中国历史上最敬奉佛教的皇帝梁武帝登基，于是达摩到了南京鸡鸣寺，隔三差五梁武帝召达摩进宫谈佛论法，梁对佛教达痴迷程度，曾三次削发为僧而后令大臣筹巨资将其赎出，用以资助寺庙，但此人心胸狭小，当与达摩辩论处于下风时起了“反心”要杀达摩。达摩连夜从燕子矶过江逃到对岸浦口珍珠泉躲了起来，面壁八年，后走露风声达摩才跑到嵩山少林寺当了住持，又面壁八年，达摩老了后继无人，徒弟慧可请求把真谛传给他，达摩说什么时候下红雪我就传给你，在一雪夜，达摩听门外有人说：“师傅，下红雪了。”达摩一看雪地上洒满鲜红的血，再一看慧可已把左臂砍断……于是把禅宗大业传给了他。慧可来到湖北，把司空山做为自己的道场，后传给三祖曾灿。曾灿把安徽天柱山当成自己的道场。四祖道信在湖北黄梅县西建立了自己的道场—四祖寺。五祖弘忍本是黄梅县人，先在黄梅县北建立了五祖寺后又回到了少林寺旁的“大法王寺”当住持。原定接班人“神秀”主张“渐行”，就是要求人不断修炼以达到最高境界，一次辩论中一个烧火小和尚慧能提出“顿悟”理论震撼了弘忍。弘忍私下把大业悄悄传给了慧能，慧能跑到了岭南梅关才躲开神秀的追杀。而后百年禅宗形成南北两派，直到皇帝下令承认南派“顿悟”说为正宗，才结束百年之争。再说密宗传到中国长安，现西安的大长安寺为祖庭，不知为何没发扬光大，传到日本反而火了起来。法眼宗祖庭在浙江东天目山顶峰之上。天台宗祖庭在浙江天台山。这两个宗派也都在日本火了，每年来祖庭朝拜之信徒络绎不绝。于是我便在地图上标出了：云南鸡足山、广州宝珠寺、南京鸡鸣寺、浦口珍珠泉、嵩山少林寺、大法王寺、湖北司空山、安徽天柱山、湖北黄梅县四祖寺、五祖寺、广东岭南梅关六祖寺，西安大长安寺、浙江东天目山、浙江天台山。凡制订自驾游计划时，地图上的这些点都是必须优先考虑的……一来二去几年过去了，这个项目完成了，心里有一种说不出的成就感。伟人邓小平16岁离家赴法留学，回国闹革命，一走几十年直到去世也没回过老家，为什么？他感情很丰富，爱家、爱子女。我翻过很多资料均找不到答案。看来只有一个办法，去小平家乡四川广安。我列入了我的计划，谜底揭开了！这里我不想公布，希望有兴趣的朋友自己来解开这个谜。“诺门罕战役”您可能有所耳闻，它是第二次世界大战前规模最大、最惨烈的一场战役，双方投入数十万最精税的部队，动用当时最先进的战机、坦克……结果以击毙6.5万日本关东军，苏军死伤4000的悬殊比分结束了这场战役，上百名关东军军官在司令部——呼伦贝尔湖旁百公里的甘珠尔寺切腹自杀，以谢罪天皇。而后中国北方格局发生了巨变……甘珠尔寺列入了我的计划。徐悲鸿称张大千为五百年第一人，南张北齐（南方属张大千，北方属齐白石），但美术界对此人看法反差极大，我很不解。为此我们去了他的家乡四川内江，找到了答案，中国第一条现代铁路，中国第一个电话局，中国第一个纺织厂，中国第一辆公共汽车，中国第一个女子师范学校，中国第一个博物馆，中国第一个养老院……诸多中国第一都出在江苏南通。这是怎么回事？希望您去看看，找到答案。

在四川省宜宾与著名景点蜀南竹海之间的长江边上有一个名不见经传的小镇——李庄。抗日战争时期我们国家大部分科技精英，文史专家及上海同济大学的师生就疏散在这里。李庄的老百姓倾其所有热情地接待了他们……梁思成、林徽因在这里写出了著名的文章，电影演员祝希娟也诞生在这里，这里发生了很多我们所不知的故事。李庄被列入了我的名单，标在了地图上。在中国的近代史上，蒋家父子有举足轻重的作用，他们的身世我很感兴趣，看了很多参考书仍觉不解渴，于是把浙江溪口（蒋介石老家）、江西赣州（蒋经国工作的地方）标在了地图上（后来我曾两次光顾这两个地方）。中国的道教分正一派与上清派，由于历史和政治原因，我国汉代张道陵创立的正一派，在元朝后逐渐被排挤到南方与海外。朱元璋曾说过“南张北孔，两大世家”足以说明，在历史上正一派老张家的地位是与孔子世家并驾齐驱的。正一派祖庭江西龙虎山（鹰潭）被我锁定，我曾三次去那里彻底搞清楚了中国道教的渊源。

江南水乡、安徽、江西古民居是我们民族文化的瑰宝，我很早就将其一个不漏地标在了地图上，几次实施全部搞定！重庆小寨天坑、四川兴业天坑，广西乐业天坑被称世界三大天坑，我把它们锁定拿下。大同云岗石窟、甘肃敦煌石窟、四川大足石窟、天水麦积山石窟也被我们扫荡了。中国称没有缺点的大好人为圣人，但五千年下来历史评选出来只有四位：商周时代的周公（周武王哥哥）、春秋时代孔子、三国时代诸葛亮、关公，而近些年史学界把曾国藩推到了这个位置的第一名，因为按孔子对一个人要求的最高标准——“修身、齐家、治国、平天下、立功、立德、立言”，纵观中国五千年历史，能做到的唯曾公莫属。毛泽东和蒋介石一生中唯一佩服的人也是曾国藩，因此我把这五人的故里、墓地、活动的地方都一一标在我的地图上，这个项目也完成了。人家说你整天瞎忙什么呢？我在忙这些项目。像类似的人文、地理、非物质文化遗产项目，我案头上有几十个，它们就像几百颗珍珠散落在祖国大地上，我每次自驾游好比用一根线把它们串起来，但它们极为分散，我的线路设计就成了一个绞尽脑汁之事。我要用最低成本，最接近路线，尽可能多串起些珍珠！每次自驾游我都带着满心的好奇、喜悦、亢奋的心情出发，因为前面有谜底在等待着我去揭开，我们自驾游近20年能兴趣盎然、热情不减、乐此不疲，恐怕原因在此吧！

塔山阻击战是辽沈战役中的一次重要战役，为了保证打锦州顺利进行，东北野战军第四纵队在这里严防死守，四天四夜硬是没让蒋军前进一步。很早我就将“塔山”标定在我的地图上了。一次从东北返京，我们没走高速走国道拐进了塔山纪念馆，这时已下午4：30，门口有几个孩子在玩耍，门上挂了把锁。我就问："你们知道谁是这儿的馆长吗？"一个小朋友抢答："我爷爷刚走！"我马上抽一张50元人民币交给那小朋友说："快给爷爷送去，说北京一位解放军老爷爷还有老奶奶想看纪念馆，晚了一步能不能帮个忙？"一会儿，一位老人家领着小朋友回来了。我赶忙自我介绍，这时我注意到老人家左边袖子是空的，这时老人家说："我就是当年在这儿打仗的老兵。"我立刻打了立正，郑重地向老人家敬了个军礼说："老首长！麻烦您了！"老人说："没什么。"边说边要把钱退给我，我说："老首长，这叫加班费，晚上买瓶酒喝。"老人兴致勃勃地带我们参观，边走边讲。这是一个无险可守的阵地，低矮的丘陵，光秃秃的石头山，连掩体都挖不出来，我们四纵队的战士硬是以自己的血肉之躯及落后的轻武器，挡住了蒋介石十几个师、飞机大炮的进攻……牺牲是巨大的，这次战斗中三千多名干部、战士付出了他们的生命。我们走出纪念馆，来到后面的烈士陵园，望着刻满三千多烈士名字的一面长长的石墙，一种崇敬、苍凉的心情油然而生……老人边走边指着墙上的名字说："这是三排长，这是俺连长，这是俺排二班长……"原来老人家全连都牺牲了，只幸存三人，那俩战友前些年相继去世，现全连只剩他一人了。老人边走边说："别的排俺不清楚，俺排战友的生日俺还记得，到时候俺要给他们敬杯酒、点根儿烟、烧个香。"绕过石墙后面是一排低矮的石碑，上面刻着：×××中将××军区副司令员；×××少将××军区通讯兵部主任；×××中将××军区后勤部长……老人说："这是俺们纵队首长，他们惦记着我们、舍不得我们呀！"我的心猛地一缩，我明白了，原来参加过这场战斗的四纵队首长在新中国成立后分散到了全国各军区担任了要职，但他们的心始终留在了这块阵地上，留在与他们共同浴血奋战的战友身旁。他们生前不约而同有一个共同的心声，就是去世后和他们共同拼杀、出生入死的战友埋在一起！这是多么真挚的情感，这是多么纯朴的战斗友谊！老人一边数着一边喃喃地说："16、17……一个不少哇！全回来啦！"老人再说什么我已经听不清楚了……这时我才发现我们俩已泪流满面了……在我们这块960万平方公里土地上，发生过多少可歌可泣的动人故事……

第四章 要像爱护眼睛一样保养呵护您的爱车

我有许多朋友开车多年，不知道发动机盖怎么打开，不知道千斤顶、备胎在什么地方，更不知什么叫水温，胎压……干脆除了会开后行李箱盖（为了放东西），会打开加油盖（为加油），其他一概不知。这不怪大家，大城市里保障系统太好了，不管出了任何问题，打个电话人家4S店立马来人，或当场搞定，重则帮您拖走，啥心不操。时间长了，就养成了一种“依赖式”思维，一切都依赖别人，对自己的车一问三不知。这对于一个自驾游爱好者来讲是绝对不允许的！您别忘了，您要从事的是一项在中国960万平方公里到处跑的活动。我们的保障系统至多也就是大中城市周边地区，按面积计算连国土面积1%都不到。请问您在这99%地区出了问题，找谁去？一句话，只能自己扛着！有句古语：“成也萧何，败也萧何！”意思是这件事办好了是您的，办砸锅也是您的，和旁人无关。我觉得这句话和自驾游状态很贴切。比如：您驾车横穿腾格里大沙漠，车出了问题，叫天天不应，叫地地不灵，请问您找谁去？闹好了，有个好心过路车给您捎走，车扔那儿了，闹不好，正赶上一辆车没有。同样是您的车，保养得好，听着CD，开着空调，飞驰而过……选择这两种结果的人就是您自己，享福是您，着急上火受罪也是您。

· 爱车是为了用车，别敬酒不吃吃罚酒

在自驾游这个领域里人才辈出，高手林立。在保养呵护车方面更象挖地道一样“各村都有高招儿”。因此，我下面要向大家介绍的这些经验体会，只不

过是我们自己总结的一些行之有效的“土”办法，仅供朋友们参考而已。

我和老伴儿从事自驾游活动近20年，换了四部车。第一部老款长箱斯柯达，排量1.3升两驱，功率58千瓦（77马力，功率=千瓦×1.33=马力）；第二部桑塔纳2000型，排量1.8升两驱，功率78千瓦（104马力）；第三部奇瑞瑞虎（235宽胎）排量2.4升，功率 97千瓦（129马力）两驱；第四部北京现代ix—35，排量2.0升四驱，功率120千瓦（160马力）。这些年无论是5000米的雪山，还是茫茫大漠，无论是在西双版纳还是在大兴安岭的密林，我的四部车子从没出现任何故障，从没在外面抛过一次锚，发动机始终处于最佳状态，车一次启动成功（西藏地区除外）。我呵护车95%的注意力是车的内部而不是外表，就象一个人，从不化妆，而注重的是如何保护五腑六脏、排毒。实践告诉我，您车的外表保养得再好，卖车顶多再加200元，而您内部调理得好，外出不出故障、不抛锚一次给您省几千元。我还想坦率地向朋友们说句大实话，自驾游就是个“折腾”车的活动。如果您舍不得您的车，平常车外表有个小划痕都睡不着觉，您最好别参加这项活动，因为您会常年“失眠”的！有一次我换了新车第一次出行，第一天走到一个村里，我一躲再躲还被对面拖拉机拉的高梁杆子划了一道划痕，这就叫“无奈”。这些年，我们在大兴安岭、西藏、四川若尔盖大草原、陕南都有一天趟过上百个烂泥坑的经历，待车子进县城已变成一个大泥蛋了！“舍不得孩子套不着狼”，舍不得车子就别自驾游。平时精心地保养呵护车和该使用时毫不吝啬地使用是一个统一的整体。就像一名骑手一样平时喂马、驯马、遛马的目的是到赛场要拿第一。哪有光喂养而不去比赛的？您呵护保养您的爱车，只有一个目的，就是要它和您一起去勇闯天涯！

十多年前我一个朋友要自驾远行，临行前问我一些景点位置。我知他平常马马虎虎对车子不够细心，能凑和就凑和，总想省点钱，我提醒他花点时间把车整整，他什么也没弄上路了，当天下午跑到500多公里时，正时皮带断了。当时高速路拖一次定价千元（拖到高速指定修理站），师傅说换皮带料费500元、工费500元，但这里没你这型号，必须去附近一大城市，过路费800元，结果连过夜费总计花3000元，算是修好了。其实这点活儿若出发前去趟汽配城，连工带料60元搞定。可他付出了50倍的代价！我是借此提醒朋友们，自驾游必须把故障消灭在出发前……。出发之前您怎么修车换配件主动花的钱都是“小钱”，起码眼明心亮，明码标价。但如果这杯敬酒您不吃，等您成了人家案板上的肉，任人宰割的时候，您被动花的钱，起码要多出几十倍！什么时候该省，什么时候不该省，自己要掂量仔细，在保养车上该花的钱一定要花，在家里花点小钱，出去省了大钱。包括您爱车上的电瓶，到时候了一定要及时更换，否则没电了，搭电充电也只能是暂时的救急。

·建立自己的车档案

这是我保养呵护车的“核心”措施。我们夫妇自驾游近20年，行程50万公里，换了四部座驾，从没有在车子上耽误过行程（被别人撞除外），座驾始终保持完好状态，所依赖的就是这一点，应当说这是我们的核心“秘笈”。说白了，就是给自己的车建立一个“健康档案”，我从买到新车的第一天起就开始建档，其实很简单，就是用一个大笔记本登记有关车辆的所有信息。按时间顺序进行记录——每加一次油多少升多少钱——每做一次保养——每更换一个什么配件，为什么？多少钱？越详细越好，全部记录在案。每年要做一个大表格，如果您是六月更换的座驾，那么您先搞一个6至12月的大表，而后从来年元月开始重新做全年的。这个表格横座标是月份，从左向右1月-12月，总结；纵座标是项目，从上至下是：公里数—油（升）—油费—配件费—工时费—税险费—其他（包括罚款）—总结（共七项）。我每个月要填表一次，做一次小结。用本月31日汽车里程表公里数减去本月1日的数字，得出本月行驶多少公里，再从笔记本中记录叠加算出本月加了多少升油，共用了多少钱，按记录的内容经计算一一填入表内。而后从上至下叠加得出两项数字A（本月行驶了多少公里）和B（本月总计花了多少钱），就这样每月都要有个小结。到年底时要搞个全年总结，从左向右进行叠加—全年跑了多少公里—用多少升油—全年花多少油费—多少配件费—多少工时费—多少税险费—其他（包括罚款过路费、存车费），最后总结全年一共跑了多少公里，一共花了多少钱。我还计算出年度百公里油耗（总油升÷总公里）。我还从4S店墙上将我这个型号车每次保养该更换什么配件，每件配件料费、工时费一一抄在我笔记本上。这样只要我打开笔记本，就可立即查阅到我座驾的所有信息，一目了然，一清二楚。这是个十分细致的工作，来自于平常的积累。功夫不负有心人，等到你需要它的时候，就会突显出优势。汽车是一个非常皮实耐用的交通工具，您只要按规定的公里数定期保养，按规定更换零部件，它是不会出任何问题的，关键在一个“定期”。平常开车要留意车况，有任何异常响声、气味都要查个水落石出，要去4S店查，把故障苗头扼杀在最初状态中。假如您要出发了！打开笔记本一翻一计算，原来还有200公里就该保养了，再翻看一下这次保养程序是什么？有什么零部件需更换？您马上打电话预约4S店，走之前抽半天时间去趟4S店把他们全搞定！好啦！可以上路了……

全年总结表

	一月	二月	三月	四月	五月	六月	……	总结
公里数								年总公里数
油（升）								年总用油升
油　费								年油费
配件费								年总配件费
工时费								年总工时费
税险费								年总税险费
其他								其他总开支
	月总开支	月总开支	月总开支	月总开支	月总开支	月总开支	月总开支	年度总开支
	年度百公里油耗（升）=年总油升÷年总公里数							

机器是死的，人是活的。多年前报上登了一则消息，介绍一位老司机创造当时全国轿车75万公里无大修最高纪录的经过。原来公司分来一百多辆轿车，有一辆被人们挑剩的车，毛病甚多，谁也不开，老师傅说我来吧！从此他就和这丑小鸭相依为伴！多年后这百辆车都报废了，而老师傅这辆保养的极好，竟然还没有大修过，丑小鸭变成了白天鹅！请老师傅谈经验时，他只说了一句话：“没有不好的车，只有不好的司机。”简单的一句话道出了真谛。车是有灵性的，你对它好，它懂，它会回报你的。

有的朋友说：“我是二手车怎么办？”我们具体问题必须具体分析：首先

您是几年的二手车？如果说是三四年的二手车，我建议您开到那个品牌的4S店做一次全面彻底检查，要花些钱，该换的都换（一般车三年中什么配件都不用换，过了三年陆续开始换了），而后建个自己车档案，如果已经是十来年的老车，原则上不宜做为自驾游用，在城里上下班还可以，万一出问题怎么都好办！到外地恐怕要找大麻烦的！因为现在汽车很多零部件是金属替代品，时间一长老化脆了，随时可能断裂，别跟自己过不去。

· 关于4S店

在您买车的时候，随“行车手册”还有一本小册子，上面全是您这个品牌的汽车在全国范围内4S店的详细地址及电话号码。这是一个非常重要的文件，如果您没有，请您到您这个品牌车的4S店想方设法搞到一个。我们一般的汽车5000公里必须要进行一次保养。保养的过程一是要更换机油，更换机油滤清器，更换空气滤清器；二是要对全车一些部位进行定点、定期检查，更换零部件——比如刹车油、刹车片等。老式车的汽油滤清器在外面，随每次保养而更换，而新车的汽油滤已转移到油箱里面去了，约三四万公里才更换一次。为什么要保养？为什么要定期更换机油呢？因为我们的发动机在工作时每一个“四行程”过程中——“吸气、压缩、爆发、排气”都会产生碳。这个碳是在汽油蒸汽燃烧过程中产生的，一部分排出去在排气管中，被三元滤清器吸收，大部分融化在机油里了。机油有两个作用，一个是润滑汽缸壁，减少磨擦，另一个就是吸附积碳，日积月累机油就成了黑泥汤，非换不可！其道理和一个肾衰竭的病人定期要“透析”一样。所以汽车保养是一件极其重要的工作。自驾游中怎么做？分三步。

一、计算出保养点

前面在谈做功课时，谈到我们已经把此行所有点与点之间的距离都计算了出来。而且举了去敦煌为例——实际是我们去敦煌的真实例证。那次非常凑巧——应当说赶巧了！我们做完保养2000多公里出发的……到达敦煌，单程正巧凑齐5000公里，在那里4S店保养后，返程在西安很巧是一万公里，又保养了一次而后回到北京。一万多公里只做两次保养就搞定——我们近20年自驾游中只有这一次这么简单！很不典型！其实每次远程出去都比较麻烦，比较复杂。

假设我们出发前，查我们的档案本发现我们做完上次保养已2000公里；距下次做还有3000公里。那么我们第一步就是要在地图上我们行动的战线上计算出3000公里的第一个点①，而后依次类推8000公里第二个点②；1.3万公里点③；1.8万公里点④。我们要把这四个点分别标在地图上，第一步完成了。这四个点就是您的爱车要进行保养的点。

二、在保养点附近寻“4S”店

此项工作必须结合那本小册子一起来做。假设我们的第一个保养点①是个省会大都市，那么不言而喻——省会一级的大都市都设有4S店，一般的品牌汽车都做到了这点，只有极个别高端品牌汽车做不到。第二个保养点②一查那里没有，无奈！但经仔细查找离那里200多公里有个中等城市有个4S店，总算距离较近，倘若有高速二小时车程，无高速近四小时行程。继续查第三个保养点③属于极边远地区附近四五百、五六百公里也没有4S店——那么这作为特殊情况处理了，非得自己准备了。出发前，您要去自己品牌车的4S店，买一桶机油及您爱车相匹配的机油滤清器、空气滤清器带上即可。届时在这个点附近找个汽车修理部花上几十元钱让他帮你换机油、机油滤清器、空气滤清器即搞定。换机油滤清器一则要用特殊工具，二则要抬升车辆或钻到车底下，我们干不了。空气滤清器打开盖就可以换上，最好自己动手。下面我们要再查第四个保养点④也是个大城市也有4S店，好了，第二步完成了。

三、打电话查询，标在详图上

这是出发前抽时间必须要做的一件事，而且越认真越好！因为情况都在变化中，一年一个样子！您要核实一下这个4S店还在不在？这也是我从实践中总结出来的教训。我开始没有意识，结果进了大城市费了九牛二虎力气好容易按地址找到了，一问，两年前就搬家了……您说这不是跟自己过不去吗？所以与其到那里着急上火，不如出发前把他搞个一清二楚，水落石出！若有变化事先准备对策防患于未然。而且有的大城市有两三个或三四个4S店分布在城四周，您事先要查看那个城市的详图搞清楚他们的位置，而后决定去哪个。您要知道大城市塞车的厉害，您若搞清楚位置，从外环线绕过去，可以很快接近目标。

保养后可以很快撤离，否则您拿出几个小时塞车玩儿吧！事先工作越过细，届时越省事！事先若稀里马虎，届时抓瞎的是自己！不但要事先打好电话，而且要把它的位置标在该市详图上，甚至连切入这个点的方向事先都有准备。

再有您第三个保养点③没有4S店，倘若该次保养有需更换的零部件没换，请记住，在第四个保养点④一定要补齐。此事不可粗心大意，必须一丝不苟。切记！

长途跋涉，人需要休整，车子更需要保养检修。它是我们顺利完成自驾游的技术保障。每一次在外面做完保养都能感觉到发动机噪音格外的小，而动力明显地增强，似乎给它注入了新的活力！

·油路系统

我国是个发展中的国家，发展是硬道理。加油站是个赚钱的生意，所以一哄而上，外地一些机关、厂矿、邮局、消防队，有门路的人，甚至学校都办加油站。我曾在一个县中学门口的加油站加过油，老师坐在里面收钱，四个学生负责加油。我问老师学生功课怎么办？老师说学生轮流值班，耽误不了功课，这也是勤工俭学吗？这些加油站，油品质量是无法保证的，我们外出一定要多根弦，这种杂牌加油站要躲开它，尽量不在那里加油。

油路很象人的“消化系统”。给车加注汽油好比吃饭，油路是由“油箱——油泵——汽油滤清器——油管——喷油嘴”五部分组成。最常见的故障就是油路不通。解决办法：（1）外出尽可能在国营大加油站加油，毕竟流量大，有人监管，相对质量有保证。（2）在外地保养时做一次油路清洗，新技术只要打开发动机盖，挂一个象输液吊瓶一样的一罐专用清污剂接在油路上，而发动机呈怠速状态，一小时许，便将您爱车油路来个彻底排毒养颜，做完一踏油门格外灵敏，价格380元左右。（3）外出自带些“油精”，一般加油站卖35元，但您去汽配城一次买10瓶就可降至15元左右，它就象一剂小药，随时清洗您爱车的胃肠保持畅通。有这三项措施，基本可克服油路不够洁净的问题。

自驾游有一项规则，油箱要永远保持“满”的状态。为什么呢？因为您对于前方永远处于一个未知状态。若您发现油箱快没油了，才开始寻找油站，前方二三百公里倘若没有加油站怎么办？即使有，油泵坏了加不了油怎么办（这种事常发生）？所以只要缺1/4油，只要前面有个大加油站就把它加满。我们一般车油箱在55–70升，加满油跑600公里没有问题。现在有些型号车要求非加98#油不可，这是件麻烦事，大中城市与高速沿线还可以，但到边远地区是没有的。办法只有带副油箱，它分5升、10升、20升三种规格，均为铁质。切不可用大塑料桶来装汽油，因为晃动中会产生静电引起爆炸！此事切记。

应当说这些年油的质量一直在改善中，早些年离开大城市就没有92#油了，现在一般中小城市都有92#油，进步相当大。毕竟我们发展太快了，30年走了人家百年的路，不能求全。有些朋友车子年限较长了，而且保养的也还不错，我要提醒这些朋友，留神您爱车的油箱，因为时间长了，油箱底部会积下一层厚厚的油泥！我前面讲的清洗油路或加油精对于油箱底部的油泥均不起任何作用，一句话什么招儿都没用。如果您的车清洗了油路，但油还是不畅通，那问题肯定出在油箱——只有一个办法，彻底更换。我第一辆、第二辆车都出现过这个问题，光从油泵里就弄出过一碗泥沙。

倘若您的爱车是必须加98#汽油的，那么一定要考虑带副油箱了。

· 电路系统

如果说油路是汽车的“肠胃”，那么电路就是“神经”，两者缺一不可，相辅相成。电路系统是“发电机——蓄电池——高压点火器——火花塞”四部分组成（柴油机用压燃原理无点火器及火花塞），工作原理是发电机发出电流，进入蓄电池再进入高压点火器，将电压升高，而后将高压电送到火花塞上点燃汽油蒸汽，爆发产生动力，推动气缸运动。一般来说发电机高压点火器不易出问题，问题出在蓄电池火花塞上，两者相比，火花塞出问题最多。我认为蓄电池四年一定要换。火花塞是很多朋友忽略的。其实它是一个非常重要的零件，如果打出的火花很硬，那么汽油燃烧的就干净，充分，爆发力强，尾气合格、发动机有劲儿。反之打火疲软，燃烧不充分，冒黑烟尾气不合格、发动机无力……。火花塞工作环境很苛刻，高温高压，所以损耗很大，时间长了正负极上会有积碳，日积月累，积碳多了，它的打火功能会越来越差，您的车越来越费油，越来越没劲儿，最后干脆打不着火了……。所以火花塞使用到一定时间要取出将其上面积碳清除干净，或干脆换新的。火花塞质量差距很大，便宜的几元、十几元，贵则几百元。好的火花塞正负极是用白金或更高级材质，极不易附着积碳，所以使用寿命很长，安全可靠。凡高档车火花塞都很讲究，我们所熟知的“宝马”车其火花塞为“专用”，它有一个正极四个负极，每次可打出四个火花（我们只有一个），可想而知它的“燃爆”是多么充分，它发动机之有力量，尾气之洁净，我们就不难理解了。

一般汽车配件从厂家或批发商那里采购来入库，再出库至少要加100%，或200%的费用，这叫出库费。我们要想买到又便宜又好的火花塞就要省去出库费，办法就是直接去厂家或批发商那儿去买。汽配城里都有他们的专柜，一般三四百元的白金火花塞在那里120元左右就可以买到。我的一大爱好就是逛汽配城，所以总能买到既便宜质量又好的配件，这叫“熟能生巧”。我希望您能换上白金火花塞，这钱花得值。

· 轮胎

前面提过的一些汽车故障：正时皮带断了、油路不通、打不着火呀，都好办，您放下警示牌，打上双闪灯，人远离车等待救援就是了（朋友此时会问为什么人远离车？坐在车里休息不是很好吗？我们到目前为止，没有一个法规和技术措施来检查大货车司机定时休息，所以两三天没睡觉昏头昏脑的司机开着超重的大货车到处跑……一辆大货车呼啸而来，连警车带交警，带事故车，带现场人员一古脑儿地撞将过去……这样的报道您看得还少吗？车里万万不能坐，就是这个道理）。但是车胎出了问题，会要人命的！这并非危言耸听。十余年前我乘坐朋友一辆别克公务车由杭州去温州，途中右后胎突然爆胎，车就象一匹脱缰的野马，忽而向左、忽而向右，完全失控……万幸的是开车的是一位老司机，他死死握住方向盘，柔中带刚，既不让车任性摆，又不把方向把死，必要时顺势放一些刹车不踏死而是点刹，根据车稳定程度适量加大或减少刹车强度，车子两度摆动到了瓯江边上，几乎要冲下公路掉入江中……又被老师傅柔性操纵挽救了回来。我坐在车里早已灵魂出窍，心想完了！非掉进江里喂鱼不可了……当车左摆右摆终于停下来时，车里几人都脸色煞白，满身虚汗，呆呆地坐在那里几分钟谁也说不出话来……爆胎死伤人的事故，年年月月发生，为什么会爆胎？一是胎压过高，二是轮胎老化。应当说关爱轮胎，就是关爱自己及家人的生命！

自己换胎补胎

一、胎压

汽车汽门搬手

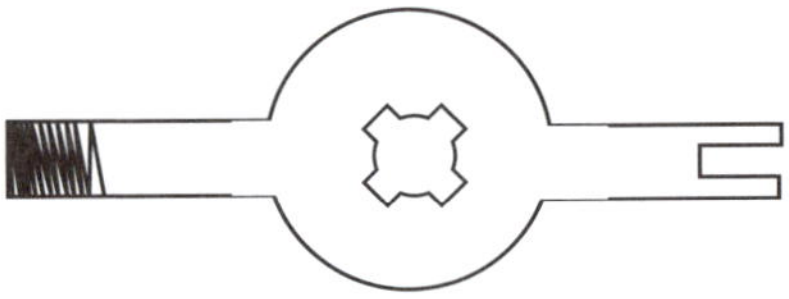

轮胎的气压叫胎压，大了要爆，小了既费油又磨损胎，所以必须正合适。胎压一般标记在油箱盖里侧。如没有查一查行车手册，不同型号胎压也不同，一般为2.3–2.5kg（公斤）。首先你要去汽配城买个胎压表（30元左右），或打气筒（50元左右）。测胎压要在清晨，汽车没有被太阳照射到为宜。车跑起来胎压上升，太阳照射阴阳面不一样，数据都不准确。测完后若低，就用气泵或汽筒充气到标准气压。若高就用那小搬手放气到标准气压。别看这小搬手，用处极大，它即可以按下气门放气，也可拧紧气门不漏气。冬夏温差很大，空气热胀冷缩，换季时一定要调气压。平时我一个月测一次胎压，外出自驾游几乎三四天就测一次，跑高速前必测。备胎胎压约3.5kg（公斤）高于行走胎。静止状态胎压高利于保养。

二、倒胎

每行驶1.2万公里，四个行走胎加上备胎，按一定顺序更换位置叫倒胎。为什么要倒？因为我们车子的两个前胎和两个后胎磨损是不一样的，时间长了，当我们刹车时会产生侧滑不安全；倒来倒去的目的是让它们基本磨损一样，踩刹车就安全了。

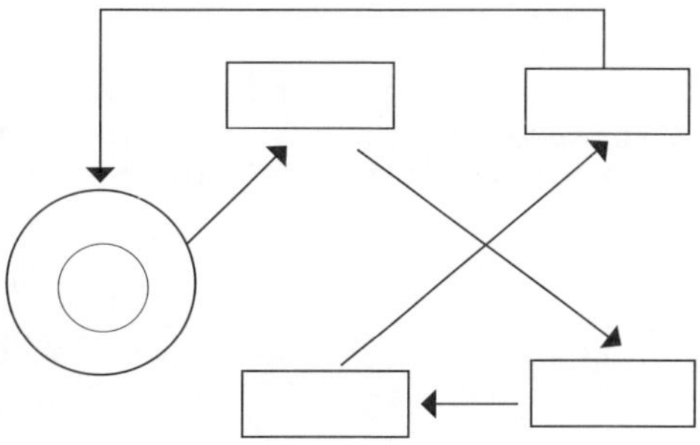

倒胎顺序

我们表面看两个前轮好象平行向前，实际上并不是这样。它略向前内侧倾斜，略向外撇。夸大说象一个人罗圈腿外加内八字。技术术语叫“前束”，“前束”的角度是要求很严格的，若有变化我们的车就要跑偏。如何知道我们的车子“前束夹角”有没有问题呢？您可以找一段平直无人无车的马路上自己测试一下。您以40公里/小时速度行驶时把手离开方向盘，走200米，如果是一条直线就证明前束夹角无误，若跑偏就有问题，您要去4S店做一次“四轮定位”200元左右。上马路牙子要慢上慢下，这也是保护“前束夹角”措施之一。一般轮胎修理店倒一个胎10元左右。

三、换胎

这是作为一名自驾游爱好者，必须掌握的技能。出去几千、上万公里扎个一两次胎是个极其正常的事情。所以自己换胎也是一件躲不过去的事。第一步：发现扎胎后把车移到一个相对安全便于工作的地方。第二步：取出备胎、搬手、千斤顶。第三步：把千斤顶支在规定的位置上（行车手册写得详细并且图上有支点位置要仔细看）略略升起。第四步：用搬手将被扎胎螺母拧松。第五步：将千斤顶继续升至被扎胎可转动的高度，将其取下换上备胎，将螺母拧上。第六步：放下千斤顶依顺序慢慢分三个梯次将螺母拧紧。第七步：收好被扎胎、千斤顶、搬手。第八步：给换好备胎放气至标准胎压。我希望朋友们找个周六周日，在一位明白人指导下，一定要自己练一把，不用多一次即可。有两点提醒您：一是备胎气压高切莫忘记放气。二是由于时间长螺母很紧，车上配备搬手力臂短，有时拧不下来，我希望您去汽配城，买一个可伸缩臂的大搬手及套管，以备急用。

补胎工具：

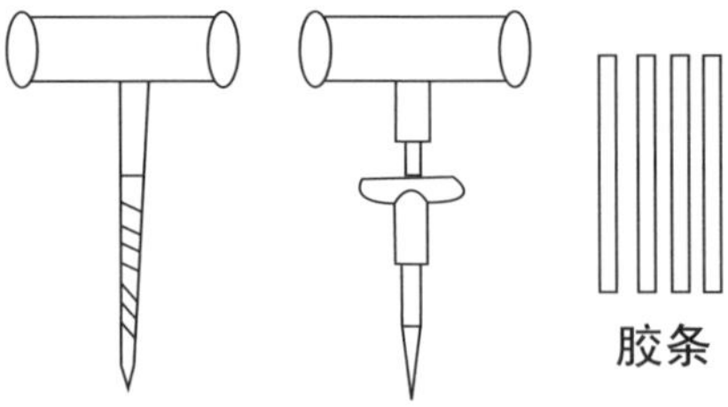

四、补胎

扎胎是一件很怪的事情，往往出去上万公里啥事儿没有，而出去2000公里一天扎三次！真可谓无规律可言……。但有一点，或迟或早非扎不可！非补不可！既然如此，我们非练不可。你练会了就成了特种兵，逢凶化吉，绝路逢生。补胎有三个档次："A"简易补——我们练会这手即可。首先我们要去汽配城花35–50元买一套补胎工具（打开看有三件东西：一是带手柄椎刺、圆锉；二是手柄带穿孔的大针；三少许胶条）。找出胎被扎的地方，拔出扎胎物，立即用白粉笔作个记号，如画个白圈，然后首先用椎刺将这个点扎一下扎穿。而后用小圆锉轻轻锉一锉。将胶条穿入针孔内，将针顺被扎处刺进待拔出时，胶条便留在了被扎处将其封堵死了。用小剪刀将露在外面的胶条剪去即可。我由衷地佩服这位发明人，他太伟大了！把令司机头痛叫苦不迭的一件麻烦事，简化到了如此程度。"B"热补——汽车维修日新月异，"热补"这在过去要用热蒸汽加很大压力的，现早已不用了。师傅用扒胎机把您的轮胎扒下来（过去用手工相当费时费力），找到被扎点，用砂轮把胎内部打粗糙，涂上胶水，贴一个小方块象膏药一样的东西，然后用滚轮压实，再用扒胎机将您轮胎上到轮轱上即可，一般工料费30元，进口料70元。"C"精细补——过程几乎与热补一样，但在热补前用一种合成橡胶将被扎点严严实实密封起来，一般要百元。近十几年来扒胎机设备及热补技术几乎已经普及到乡镇了。所以我建议如果您胎扎了，先换上备胎。待找到轮胎修理点进行处理即可。若还没有找到修理点前再次被扎，您再进行"简易补"也来得及。补胎工具三五十元一定要买一套备而不用，有了它您心里会踏实多了。我最高纪录一天之内被扎三次，若没有补胎工具其状况可想而知了。可能您三年用不上一次，但用上一次就值！

五、好胎

好轮胎价格贵，但其中天然橡胶成份高，合成橡胶成份少。您若换上以后会有两点突出体会：一是刹车明显的"灵"，这是因为天然橡胶的附着力强，也就是我们俗话说“抓地性”好所致。二是车的弹性、减震性明显改善。对于我们自驾游爱好者来说，车子的各个部件可靠性越强越好，因此我建议如果您经济条件允许，换好胎。自驾游好比一个大厦，是需要一些有力的支柱来支撑它，白金火花塞、好的轮胎都是一根根粗大的支柱，它让您爱车的保险系数大大地提高了。

·安全行车注意事项

我有个车友，相识多年，突然联系不上了，后来朋友告知他出事了！原来“五一”假期结束，他从外地自驾游，想在早晨上班前赶回北京，凌晨两点许，在济南附近和一辆坏在路上的大货车追尾，整个儿车身钻到了大货车下面。这类事故大家也一定听说过，事故原因有三：车速过快，疲劳驾驶，夜间视线不清。自驾游第一是安全，第二是安全，第三还是安全！没有安全，自驾游无从谈起。“车速”是影响安全的一个重要因素。

一、十快九出事，欲速则不达

近20年自驾游，有三次经历给我们留下极深的印象，怪就怪在这三次经过几乎一模一样完全相同近乎得不可思议。一次是在山海关至北京高速上，一次在许昌附近高速上，一次在长沙附近高速上。三次事故中车都是好车，一辆奔驰、一辆宝马、一辆白色奥迪，事件经过都是我们以100公里/小时在高速路行驶着，忽然车猛地晃动一下，一股强大气流冲击我们的车身，与此同时一辆车从我们左侧超车道上闪电般地掠过，十几秒后竟然从视线中消失了。这三次我和我爱人反应几乎都是相同的：“天哪！疯了！这车疯了！非出事不可！”而且三次预感都不幸言中……30多分钟后见远处升起一股浓烟，慢慢开近看到车子摔得七零八碎、烈火熊熊，烧得面目全非。大奔是摔下了右侧路基，宝马车翻到逆行线上去了，在长沙附近出事的白色奥迪竟然翻起跟头砸在了一辆同向行驶的长途车车顶上又滑落了下来……相同的好车，相同的超速，相同的出事！“十快九出事”这是一句用鲜血与生命总结出来的经验哪！这三位司机拼命向前赶，可他们有可能永远到达不了目的地了。

二、中速行驶安全礼让

在高速路上我们常会遇到这种情景，我们超过了一辆大货车，待我们在休息站稍做休息，再上路发现大货车已远远跑到我们前面了，这好比龟兔赛跑。人常说“不怕慢就怕站”。我们在做功课时就要给自己的行程留有余地，留出足够的富裕时间在路上，高速路以每小时80–100公里计，省道以每小时50–70公里计。中速行驶应当成为自驾游的一条法则。中国是个发展中国家，30年达到了汽车产销量世界第一，但很多匹配的硬软件跟不上，特别是小城市村镇中，很多农民兄弟买个“皮卡”拖拉机就上路了。什么叫驾校？什么叫交规？一概不知。而我们自驾游重点往往是这些地区。我想提醒您，莫把对面开过来的都当成“合格司机”？那些地方“二把刀”甚至无照驾驶概率较高，要格外当心！我们在贵州山区就被一个无照驾驶的农民兄弟给撞了。“中速行驶安全礼让”是我们必须恪守的座右铭。村镇中一定要慢，让农民兄弟先走，否则发生剐蹭就会“秀才遇见兵有理也说不清了”。

三、切莫疲劳驾驶

走高速很容易使人产生疲劳，一条笔直的路，一样的风景，一样的声音，时间一长使人昏昏欲睡，所以最好几个朋友轮流驾驶，若只有一名司机，两三个小时一定要休息一下。我们的经验是把车另一侧打成卧铺，一个人一小时轮流驾车，另一人躺下脱下鞋袜彻底休息，休息得越好，再驾车就精神十足。我们在车上常备些牛肉干、花生米、果脯等小食品，因为人的咀嚼神经与视觉神经是相关连的，当感觉疲劳时嘴动起来就会引起视觉神经的兴奋。黄瓜每次外出前都买好多洗干净带上，想吃时由副驾驶用小刀把皮削净，司机吃起来又脆又解渴又防困，可谓一举多得，大家可以试一下。

自驾游白天在景点玩儿得很累了，晚上应当早些休息。切不可去歌厅、打麻将、玩扑克搞得非常疲劳，睡眠不足会给第二天行军留下隐患！我主张“自驾游”作息制度要早睡早起早出发！现在上下班塞车已经蔓延到了中小城市，您若不在早7：00以前冲到城市边沿，恐怕就得九、十点钟以后才能出城了，若走高速已经开出300公里了，多半天时间浪费了。早出发，躲开塞车，希望朋友们给予充分的重视。

四、尽量不走夜路

我用“尽量”两字，说明不是绝对不要走，而是“尽可能”不走，“尽量”不要走。原因是白天我们的视野很广，正前方可观察到几百米动静，左面两侧可兼顾到180° 。而到了夜晚，我们的视野、视力大打了折扣，几乎成了“近视眼+青光眼”，只能看到车大灯给您照亮的范围了。安全系数大大下降，不安全概率成倍增长。首先您要减低车速，中速即可，再有最好跟在一辆车后面安全距离内（80–100米），这样您可以减轻一半负担，您只要盯住了它就可以，前面刹车灯一亮，立刻会引起您的警觉，您也会采取相应措施。我在不得已走夜路情况下，遇到过路中央一口倒扣的大铁锅，整袋水泥、大圆木等，由于车速慢，倒吸了口凉气绕了过去。一句话，夜路危险，慎行！

五、进入超级大城市的妙方

这是个新课题，我们国家发展得太快，大城市发展得更快。我们自驾游进入这些大城市成了件麻烦事了——塞车多、单行线多、无处停车、特殊路口多……一不留神便被罚款。比如，上海市近些年在市中心区高楼之间架设了高架桥四通八达，但外地车即使交纳了上高架桥的过路费，有些时间段也是不允许上去的，否则罚款。即使你按规定时间上去了，从哪儿下去又是成问题了。从半空中哪里知道出口在何处？又比如，北京西单路口就是有其特殊拐法，外地车到这儿基本犯晕。怎么办？近些年我也摸索了些规律，找到了行之有效的办法供朋友们参考：一是要设法事前搞到这些大城市交通旅游详图（可以上网查，或在这些城市郊区县买到）。二是在地图上仔细反复查找，找一处自己进出较方便的（指进入或离开这个城市方便——如外环线上）公交总站或地铁始发站附近寻觅旅店或宾馆停车住宿——由于地处远郊偏僻，一般价格较低，停车也免费。三是从那里乘地铁或公交车进城，进城后必要时可乘出租车，采用“地铁或公交+出租”模式，可以快速抵达超级大城市任何一角。要错开上下班高峰，采取一进城一整天，上午9：00进城，晚9：30出城即可。我在全国几个超级大城市试的，实践都很成功，证明这是一个省时间、省钱、效率高的好办法。我们都知地铁速度最快，几元钱可迅速到达市中心某点，必要再花十元或十几元在市中心打个出租到另一点，加在一起不过20元。自己开车一来慢，二来找不到北；三停在不该停的地方一次罚200元够您几天的交通费了！您说哪个办法好？在城市里晚上停车的保安环境要考虑得周全些。我一般采取“人车”两者兼顾。但两者必择其一时，我们是选择“车优先”的原则。有一次我们抵达洛阳，吃完“水席”，已经晚九点钟了。我们找了七八家旅店都无停车场地。此地处郊区颇有不安全之感，我们决定再找。不久在路边有个大型停车场，原来是为了专门停放大货车的。四面有高大围墙。探照灯把场地照得如同白昼，保安24小时巡逻。小车过夜20元。但人住的条件较差，单间30元，只有一个大床，连被褥都没有，公用卫生间、男女分开在公共淋浴室。我们毫不迟疑地选择了这里，因为“车”安全了。没有被褥没关系，我们车上全套卧具都有，又干净又放心。自驾游出来要能高能低，住一次大车店，也是一次难得体验生活的机会。十多年过去了，但我们俩穿着拖鞋，提着水桶拿着脸盆在拥挤的走廊上去大浴室的情景仍然历历在目……

六、小心“路标”陷阱

路标明明是交管部门指引我们前进方向的标记，怎能成为陷阱？有一年我们去山西壶口瀑布，在一个三岔路口，我们看了一下路标，便按它指示方向开去，走了40多分钟感觉有些不对劲儿了……路口明明标着还有35公里，按道理早到了，怎么会一点动静都没有？按说得有些卖土特产品的摊位、大幅广告，我们停车向老乡打听，老乡听我们要去壶口，说你们让那路标给“坑了”！原来三岔口指向中间方向是壶口，但超高大货车把它给撞向了右边，原来如此！我们说此事为什么没人管？老乡说掰过来没两天又给撞过去了。还有一次，我们从呼伦贝尔去额尔古纳，也是在一个丁字路口没仔细看路标，便顺着指引方向一直开到了牙克石（100多公里）还以为到额尔古纳了，一打听才知跑错了方向。这次也是超高大货车撞歪了路标。这两次给我们的教训很深，后来凡是到了重要的路口，我们都停车仔细辩认路标，观察有无被撞痕迹，而后再问老乡，口径一致才敢上路。此招很灵，后来我们多次“破译”了“被”错误的路标，避免了损失。希望您今后多个心眼儿吧！

七、平静中潜藏着危险

经历之一：初春的一个清晨，江南水乡乌镇的街道上。我们的车缓缓地行驶着。水乡被一层薄雾和袅袅升起的炊烟混合在一起，好似被一层飘忽不定的白纱笼罩着……昨晚我们下榻在乌镇糖果糕点厂招待所，车就停在厂子里，被整整熏陶了一夜，至今车中还散发着一阵阵浓郁的点心味。水乡的人们大多还在睡梦中，街道空无一人，四周是那么的安静。我爱人开着车，我坐在右边，我们谁也不想说话，只想静静地享受这如诗如画般的水乡清晨。此时我们正开到一个十字路口，对面一辆三轮车缓缓地迎面而来，突然打雷般的轰鸣声从我们右侧传来，一辆大摩托车从薄雾中闪电般地窜出，直向我们车冲来。我爱人猛地刹住了车，坐在右侧的我下意识地抬起了手护住了脸，心想："完了！"当时时间太短暂了，至今我的记忆中也没有骑摩托车人的形象。只看见摩托车粗大的轮胎伴随着打雷般声响，根据这两点我瞬间判定了这是辆美国大哈雷。他前进的轨迹直奔我们汽车的右前胎。我当时判定，他必定撞击在右前轮上，由于力量太大或许这个摩托会翻将过去……我们俩都抱着头等待这巨大的撞击，一秒、二秒、三秒……随着雷鸣般的响声远去，怎么什么也没有发生？我赶紧睁开双眼，吓了我一大跳，就在我正前方天空中四五米高的地方悬着一个人，只见这人从空中"呼"地一声掉将下来！刹那间，我明白了，由于哈雷摩托轮胎宽，所以它的稳定性极强，车身即使侧成45°角也不会倒，就凭这点，这辆哈雷硬是向右侧倾斜以极大角度从我们的车头边急驰而过，和对面三轮车发生了碰撞，哈雷剐到了三轮车前轮的前1/2，由于力量大速度快，一刹间将扒在车把上的三轮车夫挑到了半空中……三轮车夫匆匆从地下爬起来，光着脚叫骂着追寻着摩托车消失方向奔跑而去……四周又恢复了一片寂静，路口一个人也没有，只停着我们这辆车和对面那辆前轮被撞成90°的三轮车及车夫的一双鞋……我们俩呆呆地坐在车中，一身冷汗已浸湿了我们的衬衣。

经历之二：初秋下午，西北某地。我们游完了一个景点返回驻地。途中的路很直，随着地势起伏忽上忽下，直插天边。平平的柏油路一辆车也没有，放眼望去，蓝天白云，草已渐黄，只有极远处有些羊群。我们打开CD，车内响起"德德玛"委婉动听的歌声，我们此刻的心情既放松又愉快，当车子开到一高岗上，我看到方圆二三十公里无人烟，车子冲下山岗，车速不由地越来越快了。我爱人提醒我开慢点，我有点不太高兴，这么平的路，一辆车没有，开快点儿怕什么？我爱人说这种起伏的路万一在山岗上会车，到时候刹车都来不及，太危险！我一想此话有道理，这样我把车速由80公里/小时降至60公里/小时，再降至40公里/小时，正说着，车子恰好翻越一个高岗，车子刚上去，我浑身冷汗就冒出来了……原来一堵约一米高的石墙横在了路上，石墙是用大块石头砌起来的，宽度恰和柏油路一样宽，由于它才一米高，你只有翻上了高岗才能看见，但看见同时就基本没有制动距离了，电光火石之间，我一脚急刹车，明显地感到“ABS”在起作用，由于车速已经降至30公里/小时许，加上高频率小点刹，终于让车距石墙大约1米处停了下来。待我们下车一看，不由得倒吸一口凉气……石墙经多次撞击已变形，地下撒落着各种颜色的汽车碎片及碎玻璃。我们判断这石墙是修路时建的，但路修好了，不知为何墙没有拆？我们再向石墙两边望去，有几辆汽车残骸，好象撞击后起火燃烧留下的，它们静静地躺在那里，似乎在向我们诉说起火后无人救援的悲惨情景。此时我感到了腿软……

经历之三：深秋的傍晚，山西庞泉沟东口外。庞泉沟被誉为三晋第一沟，位于吕梁山脉中段，南面就是著名景点北武当山，沟内有全山西仅有的一片原始森林，密林中有国家一类保护动物——兰马鸡，这种鸡体形硕大，姿态优美，羽毛非常漂亮，沟内瀑布流泉负氧离子含量高，应当说是山西省的世外桃园，最后一片净土。多年前我们曾从东口进西口出穿越过一次，这次顺路又从西口进，在沟里玩儿了一天，在溪水边野餐，还拍到了兰马鸡，而后从东口出。我爱人开着车沿着下山公路中速行驶着，此时夕阳西下，挂满枝头的柿子在夕阳的照耀下格外火红。我高兴地忙着摄影，出了山就是刘胡兰的故乡文水县，我们计划晚上住在那里。车子拐过一个山口，路面右侧被山的阴影覆盖暗了许多，我们忽然发现远处路中间有一道细细的深色印记。我爱人立即减速，随着车子缓缓驶近，我们俩的眼睛越睁越大，待车子停下来时，我们傻了！展现在我们面前是一条横贯公路的大沟！约1.5米宽，近2米深！挖沟的土全被倒在了左侧河边上，公路上干干净净一点儿也没有，所以我们从远处看这条沟只是一条深色印记，极不易发现！土是刚挖出来的，也就是说前一小时或半小时吹了收工哨，工人们都走了，而现场没有留下任何警示的标牌！我们俩的心情是既害怕又庆幸。害怕的是掉进沟里不堪设想，庆幸的是我们及时减速停下来。

越是认为安全的地方，安全的时间，越有可能潜伏着危险！随着您自驾游去的地方越来越多，时间越来越长，您也可能会遇上这种匪夷所思的怪事。无法预测，无法提前预防。但唯一克敌制胜的“法宝”掌握在您的手中——那就是——“中速行驶”！我们俩所以能躲开这三次劫难，凭的也是这一点。

八、躲开大塞车易发点

内蒙古、山西、陕西是我国产煤大省，秋冬季运煤大卡车蜂拥而至，大塞车已成家常便饭。从天津、北京、石家庄来说向西行还好些，但回程东行，几乎全成了塞车线路，而且无论是高速、国道、省道无一例外，其情景是很恐怖的……运煤大卡车绵延几十公里不见头尾，若塞在其中动弹不得，七八天都有可能。此地区农民已把此事做为生财之道，手扶拖拉机拖车上有大锅炉，供应开水方便面，也有的拖车上有大蒸锅供应热腾腾米饭、馒头及小炒，生意十分红火。尤其近些年，内蒙古神木的煤价格低、质量好，因此，吸引了大批客户，将陕西省大路小路几乎全部塞死。我几次回京途中无一例外地遇到了大塞车，真是可怕之极，无奈之极……去西北旅游回程东行的朋友，最好从兰州走西安——洛阳——郑州，然后北上躲开陕西、山西、内蒙三省，虽绕点路，也比塞在路上合算。

九、下大雾怎么办

这是个不可回避的问题。如果走高速，好办，公路封闭，停在那里什么时候放行再走。但是一般国道、省道、乡道是不封闭的，走还是不走？我建议如下：（1）如果正好在乡镇上，最好停下来找个旅店住下，什么时候雾散了什么时候走。（2）如果在野外或山上最好找个“隐避”的地方躲起来，我所说“隐避”二字，就是离开主路，拐进一个小岔路，或给老乡些钱停在人家院子里也可，一句话，千万不要停在路边！您停在路边打双闪也没有用！因为从大雾中冲出来的大货车是躲闪不及的，有什么撞什么！我多次见停在路边的车被大货车撞得七零八落。一次在318国道上大雾中，一辆停在路边的运猪车，被大货车撞个粉碎，满地都是受了伤的猪，那哀嚎声很凄惨，令我这辈子都忘不了！（3）如找不到“隐避”停车点，那您最好跟在一辆大货车或公交车后面行驶，紧紧“咬”住它，别太近，也别太远，以能看清楚尾灯距离为宜。大货车可能是过路车，而公交车是常年累月在这路上跑，应当说他最熟悉，跟在他后面是最稳妥的。哪里有弯，哪里有坑，人家一清二楚，他事先都有动作，您盯紧他也跟着做，会避开很多险情。我多次从大雾中脱险也靠公交车。印象最深一次从四川四姑娘山回来，一过折多拉山口大雾扑面而来，刹那间什么也看不到了，我们赶紧把车停在了路边的一个土堆前面（土堆可作为屏障抵抗大货车），约20多分钟后，一辆公交车从山上下来，我们紧随其后，死死咬住不放，它快我们也快，它慢我们也慢，本来宽宽平平的路它突然左拐，我们也左拐，到近处一看，原来是个大坑，就这样近三个小时，它把我们带到了山下，那辆公交车车牌号：川A.4.888。

十、冬季去东北

冬季一些朋友喜欢去漠河看北极光，到哈尔滨看冰灯，去吉林北大湖、哈尔滨亚布力滑雪场去滑雪（这两个滑雪场为世界级的）。一些朋友想自驾前往，我给您提供些参考：A.“四轮驱动”：东北地区一般10月份开始下雪，来年四月融化，黑龙江一般5月1日开江，6月1日前冰排消失。可以说长达半年是冰天雪地，车几乎都是在冰上行走，这种环境下，四轮驱动的车无疑会提供更安全的保证，它在冰上走抓地性明显优于两驱。不易发生侧滑现象。有些朋友对四驱车性能不了解，如果有机会只要借朋友四驱车上一下马路牙子，您立刻就会体会到它的不同凡响之处。两驱车总有一种向前拖拉之感，而四驱车顺畅连贯一气呵成，因为它的四个轮都是主动轮。冬季去东北，应当说，四驱车是您最根本的安全保证。B. 走前要去4S店大换血：东北冬季一

镜泊湖齐腰深的雪

般零下二十几度，2011年冬呼伦贝尔创下零下57℃纪录，我们汽车肚子里这些“汤汤水水”到了东北是不灵光的，必须彻底更换！否则到那里就“趴窝”开不动了。出发前要去4S店，从防冻液开始，什么机油、齿轮箱油、刹车油、传动轴黄油……直到玻璃水，全部要换成防寒型的，标准起码要-35℃，甚至更高-40℃为好。刹车油时间长了，里面会产生水，一结冰会使刹车失灵，蓄电池如果已经三年多了，赶紧换，因为低温下最易失效的电子产品，首推电池。数码相机在冬季寒冷情况下往往失灵，关键是电池“不扛冻”。这些钱不能省。C. 暖房：冬季在东北一些村镇常看到一些旅馆打出“有暖房”字样，这个暖房不是栽花种菜的温室，而是专门给汽车预备的，一般是个密封大棚或大仓库，里面有暖气，或生有炉火，当然要交纳一定费用，这个钱也一定要花。因为即使我们进行了大换血，在零下20℃多度低温下，冻了一夜的汽车恐怕也很难启动，而您车在暖房里就没问题，打火就着，车立马就走。有一年冬季我们由牡丹江出发去镜泊湖，路上有地方积雪达半米厚，我们多次停下来铲雪开路，抵达后当晚气温为零下27℃，为了第二天顺利出车，四辆车司机决定每人值班两小时，每隔一小时发动一次车，就这样，使发动机始终保持一定温度，第二天顺利出发了。D. 吹玻璃热风：在低温下会产生一些我们在常温下想不到的事情。如冬天买个糖葫芦吃这是一件很正常的事情，在北京过春节逛庙会，我们常常买一串边走边吃，我就是带着这种思维方式在哈尔滨看冰灯时也买了一串，第一口咬不动，过了十分钟还咬不动，糖葫芦冻得象“铁球”一样……吃也吃不了，扔了又可惜……回到宾馆房间里半个小时后才咬动第一口！因为那里太冷了，糖葫芦已冻成了冰蛋蛋。冬季向风挡上吹热风我们可能忽略，但在东北极低温下由于内外温差过大，人呼出水汽会迅速在风挡上结霜，若热风风力不够就会影响开车，我曾在一个长途车上见司机助手用酒精喷灯向风挡吹火用以化霜，也见过很多私家车改装用软管直接引出热风吹风挡，此事望您重视。E. 要准备铲雪工具，要带防滑链：出发前要去汽配城购买长柄大铁锹、冰镐、拖绳、防滑链带上，这个钱不能省。最后我想和朋友们说句推心置腹的话——经验不足的“驴友”最好别自己开车去！理由——得不偿失！很像开车进超级大都市一样，还不够找麻烦哪！

十一、风险

有些车主朋友在单车无后援自驾游或多车出游时，喜欢和搭车的朋友一起出行，三四人同乘一车，住宿、门票自理，汽油费、过路费、餐饮费均摊，搭车人还以每公里三毛钱付给车主，做为汽车磨损费象征性补偿。我过去也曾这样和好友出游过。看上去这种组合似乎很完美，但其中隐藏着一个风险——搭车人的安全责任问题。一句话，出了事故谁为搭车人买单？交通法规明文规定车主负全责。车主一方和搭车一方只要不出事，同吃同住同行，怎么都好，一旦出了事故，特别是人身伤亡事故，搭车一方将车主告上法庭，对簿公堂反目为仇的报道与案例这些年屡见不鲜……我也曾想方设法打开这个“死结”，我曾想出发前请搭车朋友每人写一书面保证，内容是在任何情况下出了任何问题由本人负全责与车主无关，而后去公证处公证。朋友们讲这即不合理也不可行，事故有已方责任，对方责任及天灾不可抗拒力等很复杂，怎么能还没出游，就让搭车一方承揽下来？再说还没出游就已签下“生死状”，在如此气氛下还怎么出行？是出游？还是上刑场？我起初对于这个问题不以为然，但当我在一个多年的好朋友发生了这样的事故后，几年官司缠身，倾家荡产的事实面前，我彻底地清醒了。我领悟到原来这种看来无足轻重的小事，竟然可以毁掉一个人的后半生！我在此提醒朋友们：“搭车有风险，同行需谨慎！”

关于安全行车及风险的事，我们讲了很多，下面我们准备“收拾行李”，那么，自驾游出行要带什么东西呢？

第五章

外出带什么东西

中国960万平方公里土地，地形地貌气候、基础生活设施千差万别。在沿海地区人口密集，生活服务设施应有尽有，气候温和，您只要带上身份证、信用卡开车就走。而在西北边远地区，不但海拔高，气候恶劣，一天分四季，生存条件极为苛刻，您只有“武装到牙齿”才能存活下来。一方面可以什么都不带，一方面什么都得带！所以我们要谈自驾游外出要带什么东西，只能给您个“大概齐”，一个“泛指”。您根据自己去什么地区“取舍”。

· 打预算：财物类

俗话说：“兵马未动，粮草先行。”我们自驾游外出，首先要考虑开支问题，此行要花多少钱？要搞个预算。我归纳开支有七大项：门票费、汽油费、过路费、住宿费、餐饮费、购物费及意想不到的额外开支。这七项中前三项是死数，四至六项是活数，最后一项不可控。先说说“死数”门票费、汽油费、过路费，这三项您说了不算，人家说了算，说多少就多少！由不得您。门票费是一项很大的开支，您若去的景点多，恐怕会成为第三大开支。近20年中我们遇到最贵的门票为捆绑式套票“门票+骑马+坐船”560元/人，真是贵得离谱！我问：“我们不骑马，不坐船可以吗？”答：“可以，您可以步行、游泳，但钱要照付！”汽油费、过路费，我们取其中，按排量2.0升计百公里约10升油，过路费（高速）0.5元/公里，按千公里计，若走高速约1300元左右（此开支随汽油费上涨还会增加）。“住宿、餐饮、购物”这三项您自己说了算，可高可低。我一般住宿费控制在120元/日，就低不就高。一般说城郊比市中心便宜，招待所比宾馆便宜，党校或培训中心也是不错的选择。我们游安徽古民居，在做功课时就发现典型的村落大都散布在歙县周边30–60公里，而歙县居其中，于是我们就把大本营安在了位于歙县古城内的粮食局招待所，其周边环境幽雅、古朴、安静。粮食局　、二楼办公，二、四楼改为招待所，标间60/天，车可停在大院里，既安全也不收费。我们开始在机关食堂就餐，后来发现很多人都跑到对面一个居民家就餐去，我们去看个究竟，原来对门有位老奶奶在自己家里办了个小食堂，每顿饭三荤三素，主食白米饭。任选二荤二素8元，随便选菜添菜12元。老奶奶手艺好，其菜味道奇香无比令人回味无穷。应当说机关招待所很有可取之处。但也有例外之时，有一次在西北地区住在一个县机关招待所，晚上回来发现，大院里停了几辆流动诊疗车，几个人正忙着在大门口挂起一幅大标语，很雷人："热烈欢迎广大性病患者！"我们着实吓了一跳。一打听，原来县里决定把此招待所临时辟为巡回治疗性病的场所，吓得我们连夜退房跑了。关于"餐饮费"，我一直坚持品尝地方特色菜优先原则，过了这个村儿没这个店儿，不尝一次很可惜，而且花不了多少钱。到了天津不吃顿正宗的"狗不理"包子、小白楼"起士林"西餐？到了赣州不去"灶儿巷"吃顿正宗赣菜？到了长沙不去"火宫殿"品湖南小吃？到了乌鲁木齐不去"二道桥"大巴扎吃羊肉串？那都是令人遗叹的事，而且百拾多块钱全部搞定，吃在总体上花不了多少钱。但我也想提醒朋友们，品名特产时，头脑要冷静，眼神儿要好。有一次在沿海一个小镇，听说有一家以做黄鱼而出名的菜馆，我们慕名而去，一到那门口，停满了宝马、大奔，果然气度不凡，大厅挂满了这个菜馆老板在北京人民大会堂献艺的照片及奖状、奖牌、奖旗……服务员把我们领到一字排开的冷柜前，在碎冰上摆放着一条条硕大的黄鱼。我听了介绍，看到这么大、这么新鲜的大黄鱼，颇有些心潮澎湃，服务员问"您是不是挑一条？"我刚要挑，我爱人扯着我衣角，把我叫到一边，小声问我"看清楚了吗？"我说"看清楚了！198元一条，咱来趟不容易，今天我请客啦！来条尝个鲜！"我爱人说："你昏了头啦？再好好看看去？"我赶忙戴上眼镜再一看，傻眼了！原来是1980元/斤！服务员在旁边热情介绍，这条鱼4斤3两，大约8500多元，您是北京来的贵客，给您九折优惠……后来了解人家贵有贵的道理，由于环境污染，过度捕捞，黄鱼资源日益枯竭，现在旺季，一个船队出海个把月也捕不到几条四斤以上的大黄鱼，物以稀为贵吧！

同样是吃鱼也会遇上啼笑皆非的事。有一次在西北的一个偏僻小镇，一家餐馆门口桶内有活鱼，我就问老板有水煮鱼吗？老板先是怔了一下，然后说："有！有！"过了会儿，水煮鱼端了上来，一看，我们也怔住了，原来一大汤盆的清水里有一条煮好的鱼，真是让人哭不得笑不得。我说这就是水煮鱼？老板不解地：这不是"水"煮的鱼吗？真无奈呀！

近些年我们的预算两个人一天在600元左右，但前题是住宿必须控制在120元/天内。这样算下来出去自驾游一个月预算是1.8万元。我们这个预算总体属于中等偏下。朋友们中有上班族，有退休族，趣向不同，在自驾游上投资也不同，此标准仅供大家参考。

财务预算：信用卡、现金可各带一半，现金越分散越好，有几个人就分散几个人，相对安全。汽车内有很多小角落、小旮旯也可以藏一部分。交款或购物一定事先在房间内、车内将钱备好，切勿当场从整叠钱里向外抽，被盯上了就麻烦了。外出低调为主，切忌张扬。

· 文件类

身份证、机动车行驶证、驾驶证、老年证、学生证、军人证、残疾人证、边境通行证、车船使用税交纳发票证明、交强险发票（机动车保险单、机动车交通事故责任强制保险单）、行车手册、4S店通信电话册、联系电话。现国内绝大部分地区不需要边境通行证了，但新疆、西藏还需要，去前一定要开。绝大部分景点对老人、学生、军人、残疾人是有优惠的，相关证件带上可节省开支。车船使用税交纳发票及交强险发票原件一定要带上。有一次在内蒙，天色已近傍晚，我们若再翻过这个山口就是当地政府所在地，我们打算晚上在那里下榻。一开进山口发现里面很大成口袋形，我开玩笑说，这绝对是伏兵的好地方，四周都是绝壁，两头口小，一堵跑都跑不了，简直就是"瓮中捉鳖"呀！正说着见前面停着三辆警车及其他车辆，二十几个头戴钢盔的武警已设立了路障。我们下车才发现后面刚进的山口也埋伏着二十几个武警，路已封死……原来是公安税务联合执法检查……其中车船税发票、交强险发票是必查项目。旁边两辆河北、一辆山西的车已被扣下……我一打听让他们回去取这两个发票来领车，车扣留期间要交保管费，而且限定了时间，到时候不来领车就公开拍卖了。几个车主一脸愁苦相，抱怨说回去一趟来回得七八天哪，我好心给他们出主意，打电话让家人送来就快多了，有一个车主小声告诉我：这两个税险他从来就没上过。我心里话，您这回可撞枪口上了，麻烦大了！所以我在这里提醒您这两张发票最好和两份保单夹在一个文件夹里一并带上。走前要仔细查验，一件不能少。

·地图类

由于发展快，年年月月修新路。所以目前国内没有任何一个版本地图是百分之百准确的。因此，自驾外出最好多带几个版本地图而且越新越好，尤其是万公里以上的远程游，版本多可互相参考对比，提高准确度。有的朋友说，我车上有“GPS”。很好！但我提醒您要搞清楚您“GPS”里输入的是什么年份的信息？如果信息太陈旧，您赶紧花钱更新，否则误大事。我有一位朋友，车内“GPS”连北京市六环路的信息都没有，车一过五环“GPS”就传来——“前方无路请返回……”结果他自驾游在四川剑门关被误导到一条绝路上几乎出危险。国外这种事也时有发生，前几天报刊报道三名游客在澳大利亚被“GPS”导入迷途，深陷绝境，被直升机救出的故事。与其花千元装这样的“GPS”还不如花30元买本最新版的全国地图册更安全更合算。到了省里如有可能，花几元钱买张最新版的全省地图，一般来讲省里更新信息快些准确度高些。我的经验是并非我们的地图、“GPS”不准确，而是我们国家处于一个非常时期，“发展是硬道理”发展得太快了！快到连当地居民都“整不清”的程度！我近些年多次遇到这种情况，按照刚买的当年最新版该城市详图，开着开着找不着北了……地图上明明标的这是一大片农田，而现在呈现眼前的是一大片街道纵横、厂房林立的“开发区”。赶紧停车问路吧！找到一位老者，他说：“我在这里住了一辈子，这两年地覆天翻哪！连我们出门都‘整不清楚’喽！”连当地人都整不清，您能整清？对此，我们只能尽我们力所能及，在外出前获得最准确信息为宜，而后灵活处理，千万别一根筋，认死理，一条道走到黑，多分析，多对比，多判断，多打听，以此来弥补、来纠正信息不够准确给我们带来的贻误。

·食品类

关于带不带食品？带多少？由两个因素决定：一是您自驾游去什么地区？二是您给自己定一个什么等级的“保险”标准？先说一，您去江南水乡什么也不用带，您要走川藏线不带行吗？再说二，您在做功课时应当对自己制定的线路心中有谱了。这个线路荒野到什么程度？路上有无无人区？打算不打算穿越？即使走高速遇上大塞车怎么办？说的更直白些万一在路上出了问题（不管是人为故障还是大自然所为）您在等待救援过程中，您自己车上的“战备粮、战备水”能够您车上的人独立生存几天？这些问题不可忽视，您必须在出发之前考虑好，作出决断、付诸实施。

我们这些年，经过摸索制定出了自己的标准：凡是沿海、内地，近程、中程，自驾出行带足我们俩人三天的“战备粮”、“战备水”；凡边远地区一律七天标准。为什么这样做？基于我们俩这些年达成的共识——“车中有粮，心中不慌”。

举例一：这些年我们曾多次在高速路遇事故大塞车后“开闸放水”。何谓“开闸放水”，这是我们自己起的名字，即事故“短期”解决不了，于是交警就近开一个口子，疏散越来越拥堵的车“自谋生路”的措施。若在内地好办，引到省道上各奔前程。若在边远地区可就有点儿吓人了。这些年我们赶上过两次，一次在大草原，一次在茫茫大漠，前面出重大交通事故了，等了几个小时，车队缓缓行进，原来前面拆开一段护栏，有临时收款员收过路费而后车子翻下路基各奔东西、自谋生路去了……那场景真壮观，荒原上根本无路，但由于大量车流落荒而逃，荒原上腾起冲天的黄尘，每辆车都拖着自己的大黄尾巴狂奔！其情景比达喀尔汽车拉力赛还壮观，这其中有大货车、大轿车、小卡车、小轿车……。其中越野车好像找到了舒展自己功夫的地方，撒了欢儿地一溜猛跑，SUV紧随其后……有辆小轿车没开出几百米就陷进沙坑里。我们赶紧用拖绳帮他拖出来，一看是当地牌照，便问他这是什么地方？结果一问三不知，车主说甭管什么地方？随大伙儿快跑吧！情景之惨烈，简直就是二战“敦刻尔克大溃退”的翻版，一股“大逃亡”的劲头……其情景给我印象之深，至今挥之不去。只有那时候您才能体会到啥叫“车中有粮，心中不慌。”因为我们车上有吃有喝开到哪儿也不怕！所以不慌！

举例二：有一年大年三十，下午5点我们到达了四川西昌。我们在市人武部招待所安顿下来后就开车上街，想找个大餐馆好好吃一顿过大年三十。谁知情况出乎意料，所有的餐馆全被预定，散客一律不接待。我们一家一家问下去，几乎一模一样。待我们走完闹市区觉得无望，想去买些食品时，才发现商店也早已关门，工作人员回家过年去了。我们望着冷清的街道和不时传来零星的爆竹声心想：惨喽！这个大年三十，我们连年夜饭也吃不成了……忽然看见大街上很多人涌进一个大门，再一看挂的大牌子，七个大字：西昌市委招待所。咳！有门儿了！我们随着人流涌进了大餐厅，里面人山人海，叫酒令划拳声震耳欲聋，好一番热闹景象。原来招待所预定出一百多桌年夜饭，从下午5点一直排到夜里12点，人家讲："你们实在没地方吃，夜里一点过来和我们工作人员一起吃年夜饭。"我们一看表还不到七点，要等六个多小时？回到招待所静无一人。我们从车上取出东西自己做年夜饭了。我们用一个苹果一个梨去皮切成丁，加两个香蕉也去皮切丁，拌沙拉酱——水果沙拉。第二道菜剥了三个松花切成块和拍黄瓜加酱油、香油、醋一拌——松花拌黄瓜。开一听凤尾鱼罐头——五香凤尾鱼。再开个烤麸罐头——四鲜烤麸。共四个凉菜，两听啤酒，打开电视边看春晚边喝酒吃菜了，我们频频举杯，共庆除夕。酒过三巡，我们插上随车带的小电炉开始煮面，而后打开一个红烧牛肉罐头，每人一碗红烧牛肉面。边吃边和北京家人通电拜年。其乐融融地度过了这别开生面的除夕之夜。朋友们会问，你们怎么跟变戏法儿似地变出这么多好吃的？其实这都来自我们的"战备粮"。那次由于是远程自驾，我们的储备等级是七天。行李箱中有30多听各类罐头，如：油

战备粮仓库

焖笋、油浸鳗鱼、四鲜烤麸、五香凤尾鱼、红烧牛肉、红烧猪肉、午餐肉、茄汁黄豆、肝泥酱等等。还备有咸鸭蛋、松花、鲜鸡蛋（十六个一盒）、挂面、少量油、盐、生抽、醋、香油、鸡精、胡椒粉、葱、姜、蒜、西红柿、黄瓜、水果、康师傅蛋卷、小包装点心。这名符其名地体现了什么叫“车中有粮，心中不慌”了。

我们刚开始自驾游的时候，从没想到自己起伙，搞什么“战备粮”，走到哪吃到哪儿，逐渐感到有不妥之处。东北大拉皮儿是一道家常菜很好吃，但中午吃完大拉皮儿，晚上就大拉肚……有时晚上到了个小镇上吃晚饭既不卫生又贵，吃得很不舒服……我们当时想，与其这样还不如自己煮点儿挂面，放个西红柿，打两个鸡蛋，吃得又顺口又卫生……于是我们开始研究、寻找、置办小型便于旅行用的炊具及便于携带的油盐酱醋……经过一次次试验摸索，人在旅途做饭这套“系统”日趋完善了。

内蒙古和林地区的羊肉，质地鲜美而且没有膻味，将其剁成带骨肉与20多种调料一起煮，而后盛在大碗内上锅蒸，配之以发糕、茶水，百年传承形成了名吃“和林炖羊肉”。其口感之好，味道之浓郁，品尝后会令您拍案叫绝！我们带着全套“流动厨房”——暂时这样称呼它吧！第一次外出去内蒙了，中午吃完“和林炖羊肉”顺便买了一份装在饭盒里，下午从景点回宾馆的路上天气大变，寒风刺骨，又是雨又是雪……我们决定晚饭自己起伙。下车顺便从宾馆门口小店买了一支刚出炉的烤鸡和一瓶“蒙古王”。窗外是寒风冻雨，室内暖意融融，小酒一喝，热腾腾烤鸡一撕，用小电炉将和林炖羊肉加上挂面一煮，一锅“羊肉汤面”香气扑鼻……要多美有多美。第二天早上用小烤面包机烤了四片面包，抹上黄油果酱，用小平底锅每人煎了两个鸡蛋，用奶粉、炼乳沏了两杯牛奶，一顿西式早点就这样制作出来了。自驾游本身就是玩儿，要玩儿就玩儿出点名堂，玩儿出点水平来……窗外气候条件越是恶劣，越是荒凉，越能反衬出这顿西式早餐的幸福指数之高！下面我把这项“科研成果”介绍给大家，供您参考。总体上分为两大部分：仓库和“流动厨房”。

一、仓库

七天的“战备粮”总采购成本约1000元，这包括罐头、咸鸭蛋、松花、鲜鸡蛋（16个）、挂面、小包装点心、康师傅蛋卷、切片面包、调料、水果、蔬菜等……。在出发前装车时将其装入一个大纸箱中，集中装，别分散，好找好取。很多食品旅途中是可以随时补充的，如鲜鸡蛋、水果、西红柿、黄瓜、切片面包等。在回程的前十天起可有意识地多消耗些，待回到家中已回“零”了。“仓库”中还包括15瓶矿泉水——这也是随消耗随补充。每天的消耗从这里取出，在途中补充。

二、流动厨房

由两个上街买菜的特大号的手提筐组成：手提筐“A”——小电炉、连结线、插座板、小不锈钢锅、小平底锅、两份不锈钢餐具、小瓶香油、酱油、醋、生抽、鸡精、胡椒粉、糖、一斤挂面、16个鸡蛋、三听罐头、油炸花生米、切片面包、西红柿、黄瓜。手提筐“B”——电热水器、烤面包机、暖水瓶、两个不锈钢杯子、两把勺、黄油、果酱、咖啡、炼乳、奶粉、小包装点心、康师傅蛋卷一盒及茶叶。一般情况下晚上到了旅馆看好房间，我和我爱人每人一个双肩背包——内有洗漱用具、日记本（我有每天写日记习惯）、地图册（用来研究第二天日程），每人一个手提筐进入了房间。这个流动厨房可以以不变应万变……如果时间尚早，把东西放下上街逛它一圈看看有没有可口的晚餐……有没有什么比较干净的熟食或半成品可买？譬如：烤鸡、烤鸭、炸鱼、酱肉、扒鸡、熏鸡……等等。这样您可以有三种选择：在外面就餐；买回半成品自己再做一些；完全自己起伙。顺便了解一下明天早上附近有无早点铺？都卖些什么？如果有自己感兴趣的早点，就在外面就餐，若没有就吃西式早餐了。小电炉功率不可太大，要控制在500W以内，以免跳闸或烧断人家保险惹麻烦。

一般情况下，手提筐“B”中的暖水瓶，我都要在早晨烧新开水灌入，一来保证路上休息时沏咖啡、茶之用；二来路上若野餐，我们一般带有“汤料”（一般的超市都有出售，种类很多）或方便面，开水一冲热呼呼的，吃的舒服些……。小热水器现在一般宾馆都有，但带上更保险。

实践证明，这套东西最适用于内蒙、新疆、青海、甘肃、西藏……等边远省份，那里条件艰苦，很多设施无法保障。自己有“仓库”有七天的“战备粮”、“战备水”，有流动小厨房，既可以稳定“军心”以防不测，又可以以不变应万变，适当改善生活……在沿海省份及大城市这套东西就没什么作用了。

有两种食品我们每次外出必带，介绍给您。一是厦门罐头厂出的各种粥罐头，种类繁多，您可以随意挑选。好处是便于携带，而且是易拉罐方式开罐，还有一个折叠小勺，既可以冷食，也可以用开水煮一下或泡热食用，作为晚餐、早餐都非常适合，卫生。二是康师傅蛋酥卷，它有各种规格不同的包装和不同品种口味，又酥又脆，非常可口，而且小包装即食即开，一次食完方便和卫生，做为早餐和野餐都是非常适宜的。另外大蒜任何时候都要带上，经常吃一些。

西红柿和黄瓜，我们是在任何季节外出，都要携带，而且在外地菜市场不断补充的。可以说车里任何时候都有这两种蔬菜，既补充维生素、茄红素，又补充水份，多吃既可替代水果又减肥。

· 被服类

先说铺盖吧！我们不管近、中、远程自驾游一律自己带睡袋、床单、枕巾。因为我们预算所决定的。每天120元标准，恐怕讲究不得。若发现不太干净就铺上自己床单、枕巾，钻进自己的睡袋。我们俩有六个睡袋，三种温度标准，视所去地区带哪种。关于“衣裤鞋帽”，由您个人决定是讲究些还是凑合些，我有一位朋友不太讲究，穿着西服，打着领带开车进藏。到了康定，西服“撒气漏风”冻得他不行，临时又买了件军大衣。人类社会发展到今天，其服装再也不是简单地挡风遮体了，已经具备了很强的专业性和很高的科技含量了。劳动要穿工作服，参加庆典要穿礼服，登山要穿户外服装，打仗要穿作战服，已成为共识。我每次登山几乎都会遇到穿高跟鞋、穿时装的女士和穿一身西装皮鞋锃亮的男士（不是拍婚纱照的），游客投去不解的目光中潜台词非常清楚——“哇噻！搞错呀！”我们自驾游的朋友不能“搞错”！我们属于户外运动，我主张：从事自驾游活动的朋友“衣、裤、鞋、帽”都要尽量装备户外用品。内衣、衬裤均为纯绵制品，吸汗保温；鞋要登山靴、运动鞋；帽子要保温软帽或遮阳软帽；外衣裤要“GORE-TAX”面料，带活里（羽绒或睛纶）的冲锋衣裤（登山队冲击顶锋的服装为冲锋衣）。“GORE-TAX”是早年美国为其陆军研发的一种面料，现已解密，广泛应用于户外用品。其最大优点是解决了“耐磨、防雨、透气”三大矛盾。要想耐磨面料必定很厚不透气，而您穿上“GORE-TAX”面料的冲锋衣，站在淋浴喷头下一开水门，水淋在衣服上就象落在荷叶上一样洒落下来，滴水不沾。而您吸口烟，从衣服里向外一吹，烟竟可以从衣服穿透飘溢出来，多么神奇！它把“透气防雨耐磨”三者有机地融合在一起了。现在用这种面料制成的衣裤、鞋帽户外用品店都可以买到，但价格不菲，一件上衣便宜的也需千元。但是“功夫不负有心人”，只要您肯下功夫，就一定能买到便宜货。无非是要留意等到打折、下架、拆迁、处理时去抢购。奥运会前，天桥有个户外用品店在拆迁之列，我们闻风而去，不巧停电，店里黑乎乎，店主怕丢东西不卖了。第二天下雨，我还要去，我爱人反对，我说“我预感那黑乎乎一屋子处理商品中有宝。”我一个人去了，真淘到“宝”了，花600元买了两件“GORE-TAX”面料带活里名牌冲锋衣。这两件衣服在户外用品店几千元。我们自驾游是人与车有机结合的产品。既然我们象爱护眼睛一样关爱我们的车，为什么不象爱护眼睛一样关爱我们自己呢？户外用品衣裤鞋帽的采购费，不能省！它在关键时刻对我们的保护作用是您花多少钱买不来的。衣服颜色力求鲜艳，女士外出还可带些彩色纱巾，它令您拍出的照片格外生辉。

游泳衣裤要带上，沿途很多地方都开发了温泉，一年四季都可以泡。听说一些朋友专程坐飞机去日本北海道泡“雪山温泉”，岂不知咱四川贡嘎山下的海螺沟就有。从雅安穿过二郎山隧道，向右是泸定康定，向左便是海螺沟，沟内有北半球纬度最低的亚洲一号冰川，去冰川路上的二号营地就是“雪山温泉”，泡在露天的池水中，周围是苍松翠柏，对面是高耸入云的雪山，其令人陶醉的程度怎么形容也不过分。我们曾遇到一些温泉条件非常好，在淡季促销，周一至周四，标间+自助餐天/380元/2人，实在太合适了！管吃管住泡温泉一人一天190元！哪儿找这么好的事儿？自驾游中途我们可以把泡温泉当作一个休息站，躲开周六周日，安排周一至周四休息它几天是个好主意。

去西北、西南、内蒙、新疆、西藏，无论您什么季节去也要带足“四季衣服”，因为有时翻一座山就是一个四季，在大西南开车出发时是单裤单褂，随着车子爬山，海拔不断增高，衣服开始增加，开始穿绒衣绒裤、开暖风，到了山口穿上冲锋衣裤，待下山时又开始脱衣服关暖风，等到下到山底又成了短裤短衫……。一座山就是一个垂直温度变化的范本。中国还有些地方气候是一刀切，我们要把防寒服放在随手可拿的地方。从四川雅安穿二郎山隧道就是一个例证。雅安有“三雅”——“雅鱼、雅女、雅雨”。雅鱼是当地一种特产鱼，

雪山温泉

很好吃；雅女以美丽、端庄、才气横溢著称；雅雨是一年365天，雅安有260天在下雨。因为它地处四川盆地西南端，暖湿气流到了这里被二郎山阻挡，所以雨水极为充沛。我们曾数次穿过二郎山隧道，在雅安这边几乎没有一次不在下雨，在隧道口几乎所有车都停下来，人们在穿衣服套裤子，待车一穿过隧道，干冷的风一下吹过来，温度下降八九度，真是冰火两重天哪！因为那边是川藏高原了。再有一个地方是秦岭隧道，秦岭是我国南北气候分水岭，冬天穿越尤为明显。在西安一侧干燥寒冷，一片枯黄，待一穿过隧道立刻温暖潮湿，绿竹、芭蕉亭亭而立，温度升高了许多，又是一个冰火两重天！现秦岭隧道有两个，一个向正南去陕南旬阳、紫阳及四川重庆方向，另一个奔汉中广元而去，朋友们不要搞错，听说第三个隧道也通车了。

中国还有些地方不但气候一刀切，人文差异也一刀切。有一次我们行车在河南、湖北交界处。我们无意中看到路旁田里一位老农赶着黄牛在耙地。我说"这是什么节气？要耙地？"我爱人说："是不是要春耕播种了？"车行了15分钟后，我又无意向路边看了一眼，惊叫起来！我们停车了。我爱人说"什么事儿？大惊小怪的！"我说你看哪！我爱人说"看什么看？还不是牛耙地！"我说"你看那是什么牛？"我爱人看了也大吃一惊！原来黄牛变成灰色的水牛了！再一细看那赶牛的老农民，嘴唇很厚，鼻头很大，鼻孔很大，耳朵也很大，俨然和刚才赶黄牛的老农不是一个人种，我们再环顾四周植被也和刚才不太一样了。我们回想刚才翻过了一个小山口，山口处立了个界牌“河南⟷湖北”真是太绝了！这种感触您坐火车飞机是永远看不到、体会不到的，只有自驾游！

自驾游带什么食品，带什么被服？还是那句中国老话最精辟“饱带干粮暖带衣”呀！

· 工具类

长柄大铁锹、十字镐、斧子、手锯、大块帆布或垫子、钢丝拖绳、大号伸缩搬手、胎压表、汽门小搬手、副油箱、补胎工具、千斤顶、灭火器、三角指示牌、手电筒、雨伞、指南针、打火机等这十几样工具是赴远程、边远地区的必备用品。若车被陷住了，那么斧子、手锯、十字镐、长柄大铁锹、大块帆布或垫子、钢丝拖绳就成了您唯一希望所在了。长柄锹力臂长，干起活来，又快又省力。那种折叠小锹，中看不中用，真用它来挖土光出汗不出活儿，所以被我们淘汰了。大块帆布或垫子既可垫轮胎，也可便于躺在上面观察车底。拖绳我主张用钢绳，汽配城那种尼龙的我曾拖断过，不可靠，钢绳虽重但可靠。大号伸缩搬手一定要配一个和您轮子上螺母大小匹配的套管方可使用，此事切记，否则买了也用不上。补胎工具里面的胶条时间长了会老化，失去粘性，要定期更换，几元钱很便宜。小汽门搬手最好和胎压表装在同一个小盒，既避免丢失，用起来也顺手，检查胎压拧紧汽门或放气减压是外出的一项工作。副油箱买来后要进行一次清洗，晾干。出发前一定进行一次加注试验。因为我们的车注油口有两种口径，老一些的轿车是大口径和卡车一样，而这些年新车是小口径，若您买的副油箱加油注管是大口径的，不但不好加而且外溢（因为加油管顶不开里面的弹簧门，我买的10升日产副油箱就遇到了这个问题），最好再买一个虹吸管（给鱼缸换水用的）带上（此物卖副油箱那里都有）这样比较保险，因为什么口径用它都管用。小手电要人手一个，现展销会常卖一种手握发电小手电，不用电池，只要手一握就发电，很科学方便，多买几个放在车上及随身小腰包内。指南针要选择品牌，否则真正需要时它容易找不着“北”。

· 电器类

电热水器、大号保温热水瓶（两个）、小电炉、电热毯、电刮胡刀、小电暖器、数码相机及充电器、三角架、手机及充电器、各种联结线、相匹配转换插座等。现一般招待所都配有电热水器，但也有地方没有。小电炉为自己起伙用，功率要控制在500w以内。电热毯根据您出发季节和海拔而定（有电热毯既防潮也可睡个好觉）。众所周知，冬季南方室内比室外还冷，而且是阴冷潮湿。因此，我们有一次住在南方山区一个小旅店里萌发了一个想法——为什么我们自己不随车带个小电暖气驱驱潮气？有了想法自然就下功夫去找，终于让我们买到了。其体积很小，功率400w，工作原理先用电阻丝将石英管烧红，然后电吹风，还可以180°旋转，使用效果很好。每次冬季去南方都带着它，窗外阴雨霏霏寒气逼人，窗内喝着热茶嗑着瓜子，小电暖气不停地转动着给您吹着干燥的热风，那感觉就是两个字“滋润”！

· 设备类

野外帐篷、防潮垫、气垫、吊床、折叠桌椅、锅碗瓢盆、登山杖、洗脸、洗脚盆、洗衣粉等。您可以根据自己情况选择。我认为唯一必须带的是洗脚盆，因为自驾游是很辛苦的，白天劳累了一天，晚上有没有条件，洗个热水澡无法保证。但最底线自己烧点热水“烫烫脚”是可以做到的，它可以让您解除疲劳，提高睡眠质量，以充沛精力投入第二天的活动！

· 药品类

自驾游外出最常见的三种病是感冒、腹泻、小创伤，所以板兰根冲剂、黄连素、创可贴是不可不带的。创可贴一定要存放在随身的腰包或口袋中，因为小创伤要处理及时。近些年地方小药店有遍地开花之势，我们发现多么偏远的小村镇，也有小药店，当然质量是不敢说了，所以您自己做主。白花油可带防蚊虫用。

·登陆作战装备

车是自驾游的载体，但有时我们会离开这个载体进行活动，我把它形象地比喻为——“登陆作战”。本小节就是要和您详细地分析和探讨一下这个问题。自驾游究竟有多少种玩儿法，您研究过没有？我归纳一共有六种模式，下面逐一和您进行分析探讨。

一、车行进间欣赏大自然美景、城镇风光

应当说这是我们自驾游最原生态、最基本的游玩模式。我们驾车去内蒙大草原，去西北大漠，去青藏高原……我们听着CD，喝着饮料，谈天说地，欣赏着美景。

二、交费，车行入景区，边行、边看、边停、边玩儿

比如：新疆库车胡扬林、湖北神农架、东北镜泊湖火山口森林、五大莲池、四川亚丁、内蒙古阿尔山、河北塞罕坝、太行山大峡谷、王莽岭锡崖沟、郭亮村等等。这种玩儿法最大限度地发挥了自驾游优势，因为这些景区面积很大，可以开车在里面跑，既照顾了面又可以突出重点——在溪水边停车，顺着溪水走个把小时再回来，或找一处山顶视野极好的地方停车支上活动桌椅野餐，由于基本没有离开车这个载体平台，它可以给您提供强大的后勤支援。您甚至可以支上帐篷，挂上吊床，铺上毡毯，架上烧烤架，烤肉、烤羊肉串。用瓦斯罐或固体酒精炖鸡汤，煮挂面。还可以边野餐边打开车载音响（如有低音炮就更胜一筹）唱卡拉OK，来个热闹的大“派对”。而且刮风下雨什么也不怕——收拾东西，人往车里一钻开车走人。充分显示出了自驾游无可替代的优势！它也是我们自驾游的最佳模式，最佳玩儿法！它是自驾游的巅峰模式！

三、车停在景区门口，而后交费步行进入景区半日一日或数日

比如：广西通灵大峡谷、龙胜梯田、贵州西江千户苗寨、新疆库车大峡谷、河北黄崖洞、四川牟尼沟、安徽九华山、浙江普陀山、福建武夷山、福建土楼、安徽古民居、江西婺源古民居。中国四大古城：山西平遥、四川阆中，

湖南凤凰、云南丽江。沿海四岛：山东长山岛、浙江湄州岛、广东上川岛、广西涠洲岛。这时您已经离开了车这个载体了，您要深入到景区里、古城中或海岛上做一日或数日的旅行了，您要带什么东西？带多少东西？而且怎么个带法儿？在景区里怎么个玩儿法？必须要有一个通盘慎密的计划才行。我有一个教训愿提供朋友们引以为戒：这种模式的玩法，在景区里要按地图标好的路线游览，万不可想当然别出心裁，自行其事。我就是因此而经历了一翻险情。有一年5月下旬我爱人出差了，我一个人自驾游去了云蒙山。云蒙山位于北京远郊，那里山高林密，飞瀑流泉风景优美，负氧离子含量很高，被称做京郊大氧吧。我早上5：00出发，7：00抵达后就开始登山了，由于是星期一，登山路上未遇到一个游人。我的装备很精良，全身户外运动装、登山靴、登山杖，一天的食品，保温瓶内有热水。我以中速前进不紧不慢，用近6小时于中午1：00登上了海拔1414米的主峰。那天天气晴朗能见度格外好，站在主峰山顶方圆近百公里一览无余，正南方的雁栖湖，怀柔水库，东南方浩瀚的密云水库清晰可见，周边山脉走向，河谷洼地尽收眼底……我边用野餐，边对照游览地图审视着地形地貌，忽然萌生出一个想法：下山时不走回头路沿着另外一个山谷下到一个叫莲花潭瀑布的地方，从那里沿着一个峡谷可抵达停车场。我下午2：00开始下山了，一般情况下山时间只有上山时间一半。这条我自行选定的路线，从经验上感觉比来时的路程还要近，我估计4个小时至多5小时怎么也到停车场了——即天黑以前。这条路走得很顺，一路风景格外的优美，大有曲径通幽之感，一条羊肠小道曲曲弯弯，伴着一条溪水在密林峡谷中向山下走去。下午4：00许到达了莲花潭瀑布，这是非常美丽而幽静的地方，溪水在此汇集了另外两条溪流形成了一个大瀑布，有近20米高，砸向下面的深潭，真好似一小块世外桃源。如此美好的地方我决定休息一小时，慢慢地享受一下这里的景致，我一边喝着热茶一边陶醉其中了……下午5：00我收拾了行装开始在莲花潭附近寻觅和另外一个山谷的汇合处，我想从那里寻着河谷向上游走即可到达停车场，但麻烦伴随着日落悄悄地来到了……走了约45分钟根本没有发现出口，我的右侧全是十几米、二十几米的悬崖绝壁，没有与另一个河谷交汇的迹象。我坐下来思索，不能再向前寻找了，会不会是刚才没看见？于是我返回头再次仔细搜寻……就这么来回一找，近两个小时，天色已晚太阳下山了，山谷立刻暗了下来，近7：00，这两条山谷会合处终于让我找到了……原来不是水平的交汇，而是高低的叠加，那个河谷在这里形成了一个小瀑布，有十几米崖壁光秃秃无处可攀。我此时非常着急，在这附近一二百米处来回奔走寻找可以攀上岩壁的地方，出了一身汗也没有找到，再一看表快八点了，天完全黑了，我被困在了这里。我坐下来冷静地分析了一下形势：一是走回头路。我计算了一下大约得六七个小时才能回到停车场，由于是向上走极易迷路。二是顺着溪流向下走。水流千遭归大海，这里的溪水全部流向密云水库，大约走七小时可达水库边，那里有村子有人家，但是一路在河谷里走全是大石头，极容易崴脚，峡谷里手机又无信号……想来想去最安全办法就地宿营，明天原路返回。这一夜非常难熬，这深山老林据说豹子等中小型野兽总是有的，于是我找了一处相对比较高的地方宿营，用冲锋衣把自己裹得严严实实的，将余下食品挂在很远一棵树上——这样野生动物寻到食品不会伤及人，夜幕降临，一些野生动物开始四处活动，各种叫声此起彼伏，搞得我精神非常紧张，战战兢兢……眼看着天上的星星围着北极星整整转了个360°，天慢慢亮了。凌晨5：00我顺原路返回了，午11：00回到停车场，钻进车里睡了一觉，到晚上才开车回家。事后总结失误在于想当然了，总以为两个山谷的交汇是平行的，岂不知也有立体的，一个骑在另一个背上……一句话，不是景区游览图中标明的线路千万别自行其事。否则是自找苦吃，说不定还要出危险！这个险冒不得！

四、车停景区门口，交费乘景区专车进入，当天撤出或留宿景区内

这是国内“世界自然遗产”采取的通用模式和一些不是“世遗”的景区学习借鉴采取的模式，为了保护里面良好的生态环境，不允许游人在景区内过夜，除极少数原住民外，建好的宾馆一律拆除，无关人员一律撤出，外部车辆一律不准入内。景区内专车一律用天然气燃料。比如：四川九寨沟、新疆喀纳斯、四川四姑娘山、螺髻山、内蒙古阿斯哈图、浙江东天目山、河南云台山、湖北张家界、四川海螺沟、湖北武当山、广西乐业天坑群、韶关丹霞山等（其中海螺沟、武当山、丹霞山内有少量宾馆可过夜）。有的景区太大，当日玩不过来怎么办？所以采取三日内有效办法。如张家界就是这样，当日必须撤出，第二天晨再进入，第三天还可进入。有的景区更严格甚至不允许生火做饭，取消餐厅，只供应面包矿泉水，如河南云台山。

这又给我们自驾游朋友出了道题，当日撤出带什么东西？若在里面过夜带什么东西？需什么装备？

五、车停山下，交费，乘缆车上山游玩一日或数日

如：江西三清山、安徽黄山、浙江齐云山、南岳衡山、云南鸡足山、四川峨眉山、青城山（分前山、后山）等。这种模式一般体力指数较高（指劳累程度较高），这些山上都有宾馆、招待所，由于景区很大一日绝对游不过来。在山上住不住？住几日？带什么东西，不事先准备是不行的。

六、车停山下，交费，步行上山游玩一日或数日

如：河南宝天曼、贵州梵净山、陕西华山、山东泰山等。宝天曼、梵净山同属世界生物圈即联合国教科文组织评选出世界同纬度地区生态环境保存最完整、生物多样性最丰富的地方。宝天曼地处河南伏牛山腹地，拥有全中原地区唯一的原始森林，景区呈8字型，宾馆停车场位于两环交接处，每个环步行约一天。我们是中午抵达梵净山的，发现没缆车不敢冒然上山，入住山下一个大庙中，一下午摸情况。待全搞清楚了打点好行装，第二天一早我们步行上山了。第一天整整走了一天，晚上入住一个小客栈里，店主为省汽油晚8：00就吹哨，关发电机熄灯了，第二天又走了多半天才登顶。是我们近20年“空前绝后”、“体力指数”最高的一次登山活动。华山、泰山，各有一半路程有缆车，华山是从底乘缆车抵中天门，剩下一半爬山，而泰山可乘中巴抵中天门而后乘缆车抵南天门。说起华山我有个故事愿讲给朋友们听：李白称华山为“奇险天下第一山”，我曾两次爬华山。中年时很想往华山，但始终没机会，有一次机会来了，去洛阳出差办完事已大年二十九，我与家人通电决定利用大年三十爬华山，初一回家。除夕一早我在山

在华山

下买了10斤酱牛肉、6斤大饼、3斤桔子，装满了我的背囊，又带两军用水壶开水，准备上山了。到了景区大门冷清之极，一个人没有。当我买门票时，卖票的老同志说什么也不卖我，后来他索兴从票房出来拉着我坐下说：“同志，咱们要想的开一些……有什么坎儿过不去跟我老头子聊聊……咱们上有老、下有小，你走了他们找谁去？”……我明白了他是把我当成来“自杀”的人了。我赶紧拿出我的“军官证”和我全套带大长焦镜头的尼康相机给他看，向他解释。老同志听了哈哈大笑，他说“我在这儿卖票也有十来年了，这日子口上山的，十个有九个是不想活的，出了问题，咱也有责任哪！”我边摄影边爬山，一路上一个游人未见，当时还没修缆车，要一步一个台阶一个台阶向上爬，大自然的神奇造化令我感叹不已，前几个小时还兴致勃勃，后来越爬越累，快登顶时，天已快黑了，我几乎爬不动了。待到山顶天完全黑了，此时我已经完全走不动了，就只能趴在地上用两手两腿顺着路向一个有灯光的地方爬去……爬近了一看是个道观。就这样我手脚挪动着慢慢推开了有烛光的门，爬进了屋内，道长见我大吃一惊，忙扶我到床上，为我揉腿并烧水为我烫脚、解乏……此时已晚上9：00多，上山的路我整整爬了13个小时……道长名“释然”，现年50岁，上山已30年了，我们聊到11点多才入睡。半夜道长匆匆把我推醒：“老周、老周，快醒醒，来人啦！”我一看表凌晨3点，怪了！这么深更半夜还有什么人？我起身抄起个顶门杠准备战斗，道长说：“唉！你睡糊涂啦！人在外面趴着哪！帮我抬进来”。我们到门外借月光一看，地下趴着两个人，仔细一看！哇！还是外国人。他们用半生不熟的汉语说：“快救救我们。”我们把他俩扶进屋内，道长给他们烧水，我给他们揉腿，一聊得知这两老外是美国人，在北京语言学院学汉语，借春节旅游，他们上午10时开始上山，整整爬了15个小时，中文名字一个叫“李逵”，一个叫“张飞”。第二天上午道长用我带的牛肉、大饼，老外的罐头加上道观里贮存的大白菜、冻豆腐，搞了一锅大杂烩，我们五人来了个国际大会餐，席间我们聊起为什么起这么两个中文名字，我问他们难道不知这两个人有些头脑简单吗？他们说：“喜欢就喜欢他简单，爱恨分明、仗义直言，很像我们西部牛仔”。我们一起热闹地过了大年，下午“李逵”、“张飞”去了西安，我坐着火车回到了北京。

临别时，我给道长留下200元钱，答应他一定再来！斗转星移，第二次上华山是我退休后与我爱人自驾游。这时华山已安装缆车直达中天门，我们带着礼物兴冲冲直奔道观，却没有见到道长。原来他老人家三年前仙逝了。当晚我们住在了山顶的电力宾馆。入夜，我望着满天星斗，将我给道长带来的礼品，洒下了陡峭的山岩，作为我对道长的祭祀吧！

关于泰山我也想多说几句，泰山是“世界自然文化双遗产”，中国历史从春秋就开始拜泰山，封禅两千多年从未中断，可以说泰山的历史就是中华民族的历史，其人文景观之多、其文化底蕴之丰厚是中国任何一座名山难以望其项背的。若坐中巴抵中天门而后乘缆车登顶，就算游泰山了，好比给您摆了一桌“满汉全席”您没有一道菜一道菜好好仔细品尝，而是稀里马虎吃了个快餐了事……太可惜了！说严重些是有些对我们民族文化“大不敬”了！所以我坚决主张步行登泰山，要怀着一颗“朝圣之心”去拜泰山！您会说泰山那么高谁走得上去？我曾三拜泰山，总结了经验，下面是一个登泰山四日游日程供您参考（以北京为出发点）。

第一天：早5：00从大羊坊（京津第二高速起点）出发，下午1：00抵泰安、游岱庙。

晚下榻乘缆车登泰山的中巴始发站附近宾馆。

第二天：行进至一天门，从这里步行登泰山，慢慢走，一路餐馆众多，午餐自选。

傍晚走至中天门（全程登泰山1/2处）乘回程中巴下山休息。

第三天：早乘中巴至中天门步行登顶，傍晚抵南天门，山顶择旅馆留宿。

第四天：早泰山顶观日出，上午游山顶，中午乘缆车下山回返，晚8：00许抵大羊坊。

此计划第二天晚也可以中天门留宿不必下山了。也可以反过来走先登顶（乘缆车）而后步行下山。这计划最大优点是将登山里程“一分为二”，即仔细地观览了沿途众多的人文自然景观，身体又不会太累，可谓一天的路用两天来走。这个体力指数一般朋友都可以接受。

此日程还可拓展到济南、趵突泉、千佛山及泰安的灵岩山，曲阜的孔庙、孔林及邹城的孟府以及孟良崮——解放战争中歼灭国民党军最精税的74师孟良崮战役所在地。这些景点距泰安都只有半天的车程，应当说太近了，不去是很可惜的。希望朋友们安排此地区自驾游时要有个通盘考虑。

我提醒您游华山、泰山一定要避开旅游旺季或节假日，否则把您塞在山路上，上不去下不来可麻烦了！下面咱们书归正传，综上六种模式，除一、二外，其他四种都要离开车子，可以说“登陆作战”已成为咱们自驾游几率最高，最主要的玩儿法了！既然如此，我们就应当对其给予充分重视，找出应对方案。

七、应对方案

A. 出发前每一位参加自驾游的朋友要准备一个有胸带肚带的中号双肩背包及手杖。背包内容：创可贴、小折叠伞、瑞士军刀、瓶装水、墨镜、遮阳帽、毛巾及可供一天的食品，罐头、鸡蛋卷、小点心、牛肉干等（有胸肚带背包走起路贴身不晃，很舒服是专业级）。B. 以车为单位，出发前准备好（1—2个）65升以上的大号专业背囊，里面事先放好三天的食品、电热水器、暖水瓶、小电炉、小炊具餐具、电热毯、床单毛巾、防寒衣裤（必要时带睡袋）。

到了景点大门后，我们首先判断属于三、四、五、六哪种模式？再进行商议，若一日游我们可补充些水果，每人背上中号双肩包，拿起手杖便进入景区。若决定留宿多日，再补充些水果（车内应随时备有），选出身材相对强壮男士，背上大号背囊，将中号双肩包反背在胸前，向伞兵一样拿起手杖进入景区。

这是一个以不变应万变的应对方案。我们以“三清山”为典型例子，我曾三次在山上住过。第一个负重路段是从停车场到缆车站，第二个是下了缆车到旅馆（建议：下了缆车，负重爬到有众多旅馆的日上平台后，将所有大小背包放下由一人看管，其余人四处考察了解旅馆行情条件，待此后定下来开了房间，再将背包移过去，省得背着包四处跑。）而后大背囊便不再动了，每日游山背中号双肩包即可，早餐可自己冲咖啡，吃小包装点心，午餐是野餐随身带，晚餐一般去餐厅要一两个菜，再开两个罐头搭配，十几二十几元的罐头在山上只相当于一个菜1/3价格，但一打开香气四溢，往往引来周边客人羡慕的眼光。

倒排计划

读到这里朋友们可能会有些想法了——一个小小的自驾游越整越复杂喽！车保养要那么多门道！东西越带越多？用得着吗？至于吗？我把这些年遇到

的，想到的都摆出来，您可以根据自己情况取舍。但我想告诉您“自己不能糊弄自己”，任何一个细节没有想到都可能惹来意想不到的麻烦！据报道，美军海豹突击队在抓捕拉登的过程中，就是因为在一个细节上自己糊弄了自己，差点儿导致整个计划失败。美军在训练基地，把拉登的家按1∶1比例进行复制，反复进行攻击演练，具体方案是由两架改装后最先进黑鹰直升机，一架降在拉登家右侧狭小三角型院内，一架降在墙外，同时发起攻击。但方案实施时，那架计划降在三角型院内的直升机，说什么也降不下去了……。原来演练时图省事，把原来二米五高的水泥墙改成了二米五高的铁栅栏。自己糊弄了自己！演练时飞机下降的强大气流全部排走了，可到了那天夜里，水泥墙不但排不了气流，反而产生了强大的反气流向上顶使飞机硬是降不下去……飞行员无奈关掉了发动机来了个硬着陆，飞机摔坏了！幸亏有四架后续支援飞机救局。我们自驾游何尝不是一样？一个车船税发票、交强险发票没带让您回家取一趟！一个补胎小小几元钱的胶条老化了没换，届时让您轮胎补不上！一个小小的几元钱的小汽门搬手没带，让您气门松动后眼看跑气干着急没办法！自己不能干糊弄自己的事！一定要过细！但怎么过细？我给您支个招儿，供您参考。

那就是“倒排计划”。第一步，您在出发前半个月找一天头脑特别清醒的时候，坐下来拿张纸，拿起笔把您此行自驾游要做的准备工作一一写下来。比如说是12件事：（1）开边防通行证；（2）去汽配城买油精、补胎工具、气压表、小搬手、副油箱、白金火花塞；（3）去4S店进行提前保养，给沿途4S店打电话查实地址电话；（4）去超市采购食品；（5）准备外出文件；（6）准备外出地图、GPS信息升级；（7）准备被服；（8）准备工具；（9）准备电器；（10）准备设备；（11）准备药品；（12）准备大背囊及中号双肩包。第二步，您制一张大表格，把您要出发的那天定为“0”，写在表格最下面，上面为倒数第一天，定为总装车、总检查日；而后您根据自己情况是把这12件事在6天内完成（一天两件），还是计划12天完成（一天一件）？定好后您把内容详细写在每一天的表格内。若6天完成您是一个8天的倒排计划。若12天完成，您是一个14天倒排计划。而后开始实施，每完成一项便在表格上将其划掉，倒数第一天来个总装车，总检查，“0”出发。这样既有条不紊，又秩序井然，逐一将准备工作过细地完成了！今天的时代是信息时代、科学时代，我们自驾游也得讲点儿科学，有点儿现代意识。

自驾游外出准备工作日程倒排计划表（示意）

日	星期	倒天数	要完成的工作	完成情况	其他
3	二	13	去公安局开边防通行证		
4	三	12	去汽配城买油精、补胎工具、气压表、小搬手、副油箱		
5	四	11	去4S店保养、给沿途保养点打电话核实		
6	五	10	准备工具类		
7	六	9	准备文件		
8	日	8	准备地图		
9	一	7	准备被服		
10	二	6	准备电器		
11	三	5	准备设备		
12	四	4	准备药品		
13	五	3	检查双肩包及大背囊手杖		
14	六	2	去超市采购食品		
15	日	1	总装车、总检查		
16	一	“0”	早4：00起床，5：00准时出发（早餐车上吃）		

温度概念您有了，功课会做了，车子收拾停当了，外出的东西也都准备齐全了。下面再给您谈谈心理准备。

第六章 心理准备

古人曰：“在家千般好，出门万事难”，这是一句大实话。离开我们所熟悉的城市，每天都面临一个陌生的地方，可能会遇到很多我们意料不到的难题。如何应对，如何解决，如何从“心理学”高度，以一种发自内心的愉悦态度，化解一些不愉快的事情。这就是本章，我想和您探讨的课题。

· 学韩信一个“忍”字

汉代大将韩信能忍胯下之辱的故事，朋友们恐怕都很熟悉。遇到一件事，一件不合理的事情，发作是很自然的，人是有血性的，谁没点儿脾气？但明知不合理不但不发作，相反忍下来，“忍”得顺顺当当，“忍”得心里不结疙瘩，忍得从理性角度平静地分析后，得出一个结论，最佳方案只有一个字“忍”，能作到这一点是相当难的。

一、莫名其妙的30元

有一次天色已晚，我们决定下高速找个地方留宿。一下来路面高低不平，而且有很多大坑，我们小心翼翼地在这烂路上走了大约两三公里，进入一个大镇子。此时天黑了，路灯也亮了，走了几家小旅店卫生太差，满地烟头、满屋烟味……实在太糟糕了。我看了地图，走高速前方50公里有个县城，我决定去那儿投宿。待我们跌跌撞撞回到高速口却被告知要交30元过路费？我们颇为不解……问他：“高速路一公里才收5毛钱，你们这段烂路里程表显示不到6公里，交3块钱都不合理，凭什么收30元？”收费员慢条斯理地说：“两位老同志别激动，这确实不合理，可这是上级定的，咱只不过照章办事而已。”我们又问你们上级领导在哪儿？他说“离这儿360公里，××你们可以去那里投诉！”我二话不说给了他30元开车上了高速。我们深知对于我们面临两个选择：A. 交钱走人，赶紧找地方休息。B. 无尽无休、无结果地纠缠……不忍，又能怎样？

二、时速40公里的玄机

有一次在某县郊迎宾大道上，我爱人开着车速度较慢，我当时觉得路这么宽八车道——宽得赶上飞机场跑道了，路上又没车，应当开快点，我爱人没理我照旧慢悠悠地开。这时我发现远处马路正中央站着七八个交警，当我们越走越近时，其中一个指着我们方向说“来啦，来啦！”我下意识回头向后面望了一眼……宽宽的马路一望无际，一辆车也没有……谁来啦？我正纳闷儿，只见交警挥手让我们驶下公路，顺着护栏驶向路边一个大停车场，场内停了三四十辆轿车。此刻，我忽然明白了！看来是有中央首长要从这儿经过，为了安全，索兴将路上车全部下路（我们过去曾遇到类似情况），待我们停下车发现奇怪，停车场里空无一人，司机都哪去了？这时过来一位交警面无表情地说：“行驶证、驾驶证、车钥匙。”待他把这三样拿到手转身边走边说：“违章了，到厅内接受处理。”此时，我们仿佛如梦方醒……违章了？我们俩蒙了！想来想去，也想不出哪里违章了。我说别发愣了，进去看看吧。一进大厅，人声嘈杂，顿时感到气氛不对。原来都在吵架，一个交警周边围着几个人在争吵……这是怎么啦？怎么所有人都这么激动？我们俩正发呆，突然大喇叭传来：“京CN5486司机请注意看违章录像。”我们看大屏幕播出我们车行驶镜头，旁边字幕打出“48公里/小时，超速行驶”字样。“这么宽八车道大马路，48公里/小时怎么会超速？”——我们抱着疑惑不解向办公桌后的交警询问。他慢吞吞回答：“规定时速40公里，罚200元”。我们说怎么没看见有限速牌子？他不做任何回答，离开座位吸烟去了。我爱人气得脸煞白说不出话来了。这时旁边走过一个人说：“大嫂知足吧！这全屋就你们罚200，我们全是一千哪！”我们一打听才知道，他们都是90公里/小时、100公里/小时，超速一倍罚1000。我听一个交警讲：“我们知道大家很忙，领导说了，为了照顾大家只罚款不扣分，这还不便宜吗？”我此刻顿时眼前一亮，全明白了！立刻交了200元罚款。我开上车掉头向来路开去。我爱人问我干什么？我说：“纳闷儿呀？

咱们也是老司机了，怎么会看不到限速牌子呢？”我们顺着路仔细查找，还真找到了。紧贴一棵树后立着一块限速40公里的提示牌，被树叶挡得严严实实，即使走到近处也只能看到下面的铁柱子。此时又一个疑问浮现出来，怎么没看见摄像头啊？我想起刚才看录像时画面是正面高角度拍摄的，我明白了，说不定在公路正上方大标志牌后面。于是我慢慢开着车，一块牌一块牌地找。没多久就找到了。我心想：“真厉害呀？那些交完罚款的司机，以为没事儿了，稍一给油，还要挨一次罚！”果然走了没多远，看见前边小树林里坐着七八个交警，以失望的眼光，看着我们这辆车以25公里/小时速度，从他们身边慢慢地驶过去了……

三、不罚啦！

有一次在边远地区一个小三岔路口，我们开到这儿发现没路标了。这里很荒凉，有十几个修汽车、补车胎小作坊、小店铺、小饭馆分布在路口附近，路旁停了各式各样汽车30多辆。我们找了个地方停了车，见一个交警走过来，我赶忙上去问路，那个交警根本不回答，慢条斯理地说：“驾驶证、行驶证。”噢，原来检查证件。我连忙把两个证件交给他，解释说“交强险发票、车船税发票都在行驶证里。”可他拿了证件，扭头就走，边走边说：“违章了，前面接受处罚！”说罢，脚步匆匆向另一辆刚停下来的汽车走去了。我们俩真是一头雾水呀！怎么会违章了呢？我们百思不得一解……刚才路上是大沙漠呀？一根电线杆也没有平平的秃秃的，路旁也没有停的汽车？不可能有地方藏摄像头呀？而且刚才是50公里/小时速度，也不快！路旁也没有看见限速标志牌？如果说进三岔口应减速，我们也不会违章，因为我们东张西望找路标呢，也就20公里/小时速度。我们又环顾了一下四周，一棵树没有，一个限速或标志牌也没有，真是纳闷儿了？过去看看吧。走近一看一辆警车周围有二三十人挤挤插插，挤不进去，只能在外面听听，一个人气呼呼问：“给个理由呀！凭什么要罚？你得说出道理来！”我问了几个人一律罚200元，为什么？都说不知道。我们一看快11点了，就走进一个小饭铺要了大盘鸡、手抓肉，干脆先吃饭再说，否则也在那儿白等着。边吃边和老板聊了起来：“老板，你们这个岔口还挺热闹，这么多车！”“说什么呢！不热闹我们这生意哪做去，这都托人家的福哇！”他用手指那警车。他接着很神秘地说：“我们这儿是个点儿！”我不解地问：“什么点儿？”“罚款点儿呗。大凡过我们这儿的车都得罚。”老板再说什么我已经听不清楚了，我爱人和他聊什么我也模糊不清了，我思路早已漂远了，想起孩童时边玩儿边唱的儿歌：一网不捞鱼，两网不捞鱼，三网捞一个小尾巴尾巴尾巴鱼……我们这实实在在是掉进网里的一条小尾巴鱼呀。忽然我爱人拍了我一下，把我从梦幻中拉了回来，“吃完了结账，发什么愣呢？”我们结完账出来警车周边已没人了，我径直走过去，把200元钱顺窗递了进去说“警察同志交罚款！”他正在低头数钱，抬起头来望着我，有些不知所措地说声：“你……”就怔在那里，他一怔，我也二虎了，赶忙又重复了一遍：“警察同志交罚款。”声音很轻。我见他眼睛眨了眨不解地、有些结巴地说：“你……怎么……也不问问为什么罚你……就交钱？”我非常心平气和地说：“警察同志要罚，就必然有其道理。”他非常诧异地翻了翻我的驾驶证和行驶证（看来都处理完了，只剩我们这一份了）“难怪呀！不但是北京，还是部队老同志，觉悟就是高哇！”我开玩笑地说：“那还用说吗？”他把我的两个证及200元一块交给我，似乎有些感动地说：“我当了六年交警了，头一次遇上您这么通情达理的人，不罚啦……”。

我希望朋友们设身处地地想一想，如果您处在我的位置上怎么办呢？例一：如果您不交这钱，即使您和他交涉到天亮这“关”也过不去。例二：您要怒火冲天甭说您走不了，就算你交了罚款没个好心态，一肚子气一踩油门儿还会来个“二进宫”，接着挨罚——因为小树林还有一帮人等着您哪！说句心里话：活了一辈子，不懂得什么叫“无奈”？怎么会“无奈”呢？凡事要讲道理的，凡事要有规矩的。该怎么办就怎么办！怎么会“无奈”？俗语说“有理走遍天下，无理寸步难行”啊！但实际生活中有理和无理往往混沌不清，界限模糊……您说没理吧？明明人家在那儿立了个牌子限速40公里。您说有理吧！甭说您在路上看不见，就是走到面前也得扒开树叶才能看见……从事自驾游活动让我长了见识，大开了眼界，懂得了、理解了“无奈”这两个字。“无奈”就是您什么都懂，什么都明白，但只能装不懂，装不明白……无可奈何，无任何办法……很可悲的！郑板桥有句名言——“聪明难，糊涂难，由聪明变成糊涂更难。”例三：我已有大彻大悟之感了，已经完成了由聪明到糊涂的转变——这个钱你问要交，不问也要交，高兴要交，不高兴也得交（不交，您两个证拿不回来），那我何必要问，何必不高高兴兴地交哪！自驾游是件很快乐的事，好像都是去摘甜果子，但其实有很多难言之隐，有很多苦果子等我们去吃，这一点您心里要有所准备呀！

· 和光同尘

“和光同尘”是什么含意——入乡随俗、随大流儿、按潜规则办事……

一、防火证

一天早晨我们行驶在一处国家森林公园里，参天的大树、清澈的溪水，不时地从我们眼前掠过。我们刚从景区大门进来，门票每人85元，售票员又送我们两顶绣有景区字样的遮阳帽，此刻心情非常愉快。忽然前面有一道横杆拦住了去路，几个持枪带红袖标的民兵站在那里，横眉冷对，旁边一个小木屋挂着“防火检查站”的牌子。路旁停了几辆车，一些人围着民兵在争吵。“我们买了票凭什么不让我们进去？你们这儿是不是景区？”“俺不知道什么叫景区，现在是防火期，不办防火证，一律不得入内”、“你们这儿到底谁说了算？”、“那道大门他们说了算，这道大门俺说了算！”听到这儿，我全明白了。走上前去说：“我办防火证”。他把我领进屋内，指桌上放着一张纸上面写“50元/人”，我立刻递过100元，他又拿出一叠印有防火证字样的纸，盖上公章后，撕下一张给我，走出屋大声说：“北京来的同志防火证办好了，放行！”。我们过了卡子，继续向里开，我爱人问“多少钱？”“俩人100”“啊？太不像话了，第一道门收170元，第二道门收100元，照这么收下去还有没有完哪？”“怎么会呢？咱办了防火证了，怕什么？再查咱有证！”正说着，我爱人一指前面，快看！我一看着实吓了一跳，原来前面又有一道横杆，有个小木屋，三个持枪民兵站在那里。我们停车，我把防火证恭恭敬敬双手递给一位看似领班的老大爷：“老大爷您看咱办防火证了，合格呀！”老大爷连看都不看，用手推了回来，冷冷地、慢条斯理地说：“你办了‘他’的防火证，可没办‘俺’的防火证。”语气中非常强调了‘他’与‘俺’。我一听头上的汗立刻渗了出来，说话也有些含混不清了……“老大爷……我对……您的防火证是没办……可我有点儿不敢办了……照这么下去……我们这点儿钱全办防火证了……北京都回不去啦！”老大爷和那两民兵哈哈大笑。“别害怕，我这儿是最后一个！”我半信半疑……“真的？前面没卡子了？”旁边那民兵说：“我们老张头儿是民兵连长，说话算数儿！”老大爷说：“从我这儿往前走，谁敢收费你就提我老张头，看不吓死他！”我们进屋，老张头指桌上纸，

25元/人，我交50元，老张头拿一小团细铁丝出了屋，塞在了我们车的尾喷管里。我问“防火证呢？”他指尾喷管说“这就是防火证”。我们将信将疑慢慢开向密林深处，人家说的没错，果然再没有哨卡了。我们算了一下二人总计花了320元。景区风景雄险优美，我们在里面野餐玩儿得很开心，停车场里林场下岗职工卖的蘑菇很便宜，我们买了许多，进门时的不愉快早已抛到九霄云外了。傍晚出大门时见几辆“津”字牌照车和售票员吵架，原来他们不打算办防火证，回到大门又不给退票，所以争吵激烈……其中一人拿着手机高喊：“我要把你们告到中央！”

二、从公而论

类似这样的事件，我们曾遇到过两次。实际上这是旅游部门、林业部门的矛盾转嫁到游客身上了。从新中国成立开始这片山林就归人家林业部门管理，辛辛苦苦几十年。改革开放，上级领导一声令下，成立个旅游局，搞个大门就开始收钱了！而与此同时中央下令全国林场停止采伐，大批下岗职工没有着落……自己苦心经营几十年的财产成了没干过一天活儿的一拨人的摇钱树？这件事搁谁身上也不干哪！凭什么呀？你们坐门口收钱……我们靠捡蘑菇维持生活？这气不打一处来呀！说句良心话，我很同情林场职工遭遇。

这个地方开发旅游应当由人家林场自己办才对，最起码也是两家合办，从哪个角度讲这样做也是欠妥的。可话又说回来，您是国务院纠风办成员吗？您是国务院治理“三乱”小组成员吗？都不是。我们只是一介草民。这是政府的事，老天爷的事，这事我们管不了！

三、从私而论

我们自驾游到这儿是欣赏大自然风光、找乐子来了，不是找气生、找麻烦来了。决不要和人家争吵。自己定一个底线，能接受就进，实在接受不了，一句废话也甭说扭头就走。我前面提到一景点套票（门票+骑马+坐船）俩人“1120元”，我们俩承受不起，二话没说走人！你心里要清楚票价定多少是人家的事，您管不了！可买不买票自己说了算数！您别忘了，您一天还有一个基本生活费底数呢！如我们俩一天600元，景区没进去跟人家吵了一天什么结果也没有，自己白搭600元，亏不亏呀！

四、最佳方案

要“合光同尘”按潜规则办事，防火证照办（因为您不交这75元/人，那85元/人也退不了，岂不更亏？）玩儿照玩儿。待您回到家中有空闲时，按门票上的投诉电话，给有关部门反映一下。如此既不耽误自己日程，也不生气伤身，又把一个公民该尽的义务做了，可谓一举两得。

我在这两小节讲的经历是多年前的事了。这些年经中央及地方的大力整顿，情况明显好转，一些事情也理顺了，应当说这些事情现在不容易见到了。但随着改革的不断深入，可持续发展、科学发展观的深入，一些新的矛盾又会凸现出来，我们自驾游在路上会遇到新问题。我劝您无论遇上什么问题，千万别发作，别生气！先想一想，老周给您提供的一个“忍”字、一个“和光同尘”恐怕会有益处的。

· 见机行事，灵活处理

有一次我们游完神农架，南下经巴东欲去世界第一大天坑——重庆小寨天坑（深670米，直径650米）。正值雨季，又赶上修路，在烂泥路上整整折腾了一天，傍晚时分，再翻一座山就是巴东大桥了。由于修葛洲坝水电站，长江水位提高，老巴东从江边搬到半山腰成了新巴东市，我们计划当晚住在那里。这时见路边停了长长一串汽车，怎么回事？我到前面一看，原来一道铁丝大门把隧道口挡住了，一打听，据说里面塌方不能过。我向里面看，只有一个工棚，不见人影。回到车里一商量，再看地图，深感处境不妙。唯一办法走回头路，绕回香溪，走宜昌，再沿318国道抵巴东，可雨还在下，沿途都在修路，万一哪儿再出点问题，十来天都有可能。而且今晚怎么办？沿途来路都是小村子无旅店。正在发愁之际，忽听一阵刺耳警笛声由远而近，两辆警车闪电般飞驰而过，泥水都溅在了我们车上，而后停在了铁丝网大门前。从远处看一个带钢盔武警叫开门，而后工棚里出来个人和他讲似乎不能开的意思。这时，又从车上下来几个持枪武警，要把大门推倒的架势，警车也向前逼进大有要把门撞开之意，人们呼啦啦都冒雨跑到前面看热闹去了。我灵机一动，把车慢慢开过去，紧紧地停在了第二辆警车的后面。我爱人不解：“要干什么？”“跟他们一起冲过去！”“里面不是塌方了吗？”“警车能过，咱就能过。”这时只见一个工人跑来哆哆嗦嗦开大门，门还没有完全打开，警车一阵轰鸣忽地一下冲了过去，吓的两个开门人惊慌地躲开了，我加大油门紧跟其后冲过了大门。我从后视镜中看到那些看热闹的人纷纷向后跑，想开车跟我们一起冲过来，但来不及了，那两个工人转身把大门又锁上了。警车开得飞快，我热血沸腾，集中精力加大油门紧跟着冲进了隧道，打开了大灯……隧道里四车道干干净净，洞顶平滑整齐，一点儿塌方迹象也没有……我生怕被警车甩下，万一遇到什么问题自己无法处理，所以不管前面多快速度我也是紧随其后，三辆车狂奔，马达轰鸣声震耳欲聋……由于车速快，感觉好像也就五六分钟，车子就穿过了隧道，轰鸣声嘎然消失了，仿佛进入了另外一个安静的世界……我们地处巴东大桥上，远山近水尽收眼底，脚下是滚滚长江，向前看对岸山上灯火辉煌，闪闪的灯光好似天上的星星，是新巴东市！向左看远处江面灯光闪烁——就是葛洲坝……我不由得放慢车速停了下来，我们俩站在桥上谁也不说话，静静地欣赏这如梦的美景，贪婪地大口吸着新鲜的空气……雨停了，看来是被山挡在那面了，我们似乎有一种刚从激流险滩中破浪而出，又驶进了一汪平静水面的感觉，胜利后的喜悦，自豪的情怀与身心疲惫交织在了一起，悄然而生。

隧道明明是好好的，为什么不让走？没有人回答您！冲过去了，您胜利了！没冲过去要付出几天，甚至可能十来天代价。这就是在自驾游过程中灵活机动的生存法则。

· 出了事故首先是取证，要随遇而安

老百姓有句话——“常在河边站，哪能不湿鞋。”科学地谈到了“概率”问题，常在河边走动的人比不常在河边走动的人湿鞋“概率”就是高。我们自驾游是同样道理，您动辄几千公里上万公里而且都是陌生的地方，陌生的路段，所以出事故的“概率”就高，这是很正常的事，不出事故反而不正常。朋友们首先要从心理上有这么一个客观、正确、淡定的态度。出事故有三种可能：己方责任；对方责任；双方责任。遇到事故，我们千万别吵架，首先要做的是取证。

有一次我们从梵净山下来，在山区公路上缓缓地行驶着，路旁右侧是一

事故现场

条河，河水清澈无比，水中水草、鱼儿清晰可见，路前方是个左转弯，我忽然发现从转弯处山后面窜出一辆越野车，它速度很快，而且是逆向行驶。也就是说它没有走它的行车路线贴右侧走，而是越过了路中间的黄线开到我们这一侧来了，天哪！我赶紧向右侧打轮想躲避它，回避了一下感觉不够，想再向右……不行了，因为右侧是河，再躲我们要进河里了。只听“咣”一声巨响，我踏刹车……左边的门打不开了，我们俩赶快从右侧钻出，由于我们事先早有分工，万一出事故，她报警，我取证。所以我们各干各的各负其责，我爱人马上用手机给保险公司、交警报警。我迅速取出相机，马上拍照取证。肇事方三个人下了车，过来想和我说什么，我全然不顾！请您注意！此时一刻值千金！千万别跟他纠缠争吵……现在说什么都没用！当庭对质的第一是证据第二是证据第三还是证据！我首先要拍的是我们双方的位置。因为这是最最重要的。无论是交警或保险公司认定责任最重要的凭证就是双方行车轨迹和最后停车位置。

这辆车头左侧撞到了我左侧前后门柱上，因为两个车都在运动中，所以实际上它左侧车头在我车左侧前后门画了个弧度，我的两个门被撞凹了进去，门玻璃都碎了，而它左侧大灯及叶子板也都撞烂了。它左后轮最后在黄线左侧，车身向右，充分证明，它越黄线撞了我们，铁证如山！我首先从各个角度远近把双方停车位置拍下，又爬到旁边小山上从高角度拍得清清楚楚，而后开始拍我的车受损情况，就在这时我发现了对方要挪车，理由是车停在路中央，妨碍交通。我马上制止不准他动！我让我爱人与其交涉……我搬了几块大石头把它轮子死死卡住，让它动弹不得。我心里清楚这不是大城市闹市区，来往车辆极少，而且几乎右侧车道全空了出来。在保险公司、交警未来前，我是不能让它动的。我用我们的两个车上的三角警示牌分别架在上下车道50米处。这时我证取了，报警了，三角牌也架了，我才和肇事者攀谈起来……原来这位农民兄弟连驾照都没有！几个小时前刚从铜仁买了车。正说着保险公司、交警来了，拍照测量画图忙乎了一阵子。保险公司业务员说“对方全责，你们跟交警回县里他会安排，有什么事找我。”说着给了张名片，当晚交警安排我们住在江口县委招待所。

第二天早饭后，我们去县交警中队参加责任认定会。这是一间大会议室，我们先到了，和几位交警寒喧了一会儿，他们看了我拍的取证感觉好，其中一位老交警说借用一下下载。过了一会儿，对方来了十几个人。老交警让大家坐下，问谁先说？只见昨天那位驾驶员“腾”地站起来，用手指着我高声喊道：“就是他！昨天把我撞啦！”真是一语惊人哪！刹那间，我们俩及几位交警都怔住了。此刻只见那十几个人全部站了起来，用手指着我说：“没错儿，就是他把我们撞啦！”“我证明，我亲眼看见就是他撞的！”“想抵赖是不行的！”叫喊声一片，简直就是个批斗会……什么叫“雷人”？我老周参军40年走南闯北，什么场面没见过？可那天硬是让这帮农民兄弟给“雷住了”。我前面提到“匪夷所思”这四个字，在自驾游中您会遇到很多“匪夷所思”的事、“灵魂出窍”的事，超出了我们“日常思维范畴”的事……所以从心理学角度，从提高一个人应变能力、提高修养、长见识、大开眼界……自驾游是一个无可替代的“培训班”。片刻，老交警站起大声说：“吵什么？做伪证是要判刑坐牢的，你们知道吗？”刹那间，对方安静了下来。“昨天现场除了他还有两个人，你们都明明不在现场，还要证明还说亲眼看见，这不是做伪证，是什么？”“昨天在现场的两个人到前面来，其余的都后面去，给我闭嘴。”待按秩序重新坐好后，老交警慢慢地走到那位驾驶员面前小声地说：“你再给我说一遍！”此刻鸦雀无声，只见那个人像个泄了气的皮球没了底气，喃喃地：“他……他……”我当时强忍住了，否则会笑出声来。因为那情景简直就是京剧《智取威虎山》杨子荣审小炉匠的翻版。中队长平静地说：“你这个同志连驾照都没有，就敢开车上路，撞了人家还‘猪八戒倒打一耙’……”。这位老交警给我留下了非常深刻的印象，因为他好像给小学生上课一样，那么耐心，那么循循善诱，他把从我相机下载的图像投到大屏幕上，讲凭哪几点证明是老乡撞了我，为什么要负全责，讲黄线作用讲交规……把这帮老乡讲得心服口服。而后我们签了约按了手印——车进厂修理期间吃住老乡负责，修好后经我认可，警方把扣老乡的车还老乡。我一想农民兄弟也不易，主动提出伙食自理。分手时，老交警说：“我们这里刚摘了贫困县帽子，又是少数民族地区，所以出这样笑话，北京客人多谅解吧！你们拍的取证照片太专业了，值得我们学习呀！”就这样，我们在贵州江口县闲住了七天，没有想到的是这七天竟然是我们自驾游中令人难忘的七天。

在美丽的大自然中

江口县是贵州梵净山下一个边远的小县城，个把小时可以把县城走遍。梵净山上流下来的两条河在县城里汇成一条大河，水量充沛，水源洁净。沿河有很多古树、古碑亭、古石桥，人文景观、自然景观都非常典雅优美。第二天上午，我们悠闲地沿河边遛完弯，准备回招待所，只见路边一个古宅大院正办喜事，酒席从院里一直摆到大街上，街旁一溜临时搭起的灶台边，三四十人在忙乎着，端菜倒酒的人来往穿梭，好不热闹……只见一位戴着眼镜、身着中山装、胸前红缎带上印着“司仪”二字的长者，迎面走来，拱手问道：“二位可是北京来的客人？”我们有些不知所措……“您怎么知道我们是北京的？”“昨天交警中队的朋友就告诉我了，县里来了两位北京客人哇！幸会，幸会呀！上午派人去请你们，没想你们来啦！欢迎，欢迎啊！您二位能来太给面子了，我代表他们家人向您们致谢啦……”边说，几位礼宾人员把我们拥进了里院，长者高喊：“北京的贵客到啦！”掌声欢呼声响成一片，我们被请到主宾席上，攀谈后得知这位长者是县中学校长，是全县闻名的德高望重的文化人。我赶紧拿出钱来说“真不好意思，我们没有准备，就算我们贺礼吧？”谁知长者一把推回：“按我们这儿老规矩，贵宾的礼金是不能收的！您二位能出席，已经给足了我们的面子！”待我们回到招待所都有几分醉意了……贵州的酒是格外香醇哪！

第二天一早刚起床就有人敲门，原来是招待所所长，手里拿着一份红请帖。“首长，今晚是我亲家要给他孙子办满月，请您二位务必赏光……”我们一听赶紧推辞，谁知所长眼眶竟然红了，差点儿掉泪，委曲地说：“昨天您二位出席了老李家儿子的婚事，全县都传开了，今儿个您要不出席，就是瞧不起我……我这老脸往哪搁呀……”我们一听赶紧说参加，参加。当晚招待所大食堂灯红酒绿，高朋满座，所长春风得意，满面红光向来宾介绍我们……我们成了香饽饽了……接下来几天是东家接、西家请，我们简直成了江口县“吃酒席专业户”了。

江口县民风古朴，待人真诚。在和他们的交往中真实地感受到，他们是出自内心地尊重我们，以与我们交往为荣。后来人家来请，我们绝不推辞，来者不拒，欣然前往，随遇而安！七天的生活令我们终生难忘……自驾游有时真像个万花筒，转一下就会出现您意想不到的光彩和绚丽。

· 绝路逢生——自驾游的一搏

纵观人的一生会有低潮，陷入绝境之时，意志薄弱的人往往会消沉，不能自拔。坚强的人会振奋精神，采取措施，使自己尽快从低谷中摆脱出来，获得新生。自驾游有时的境遇几乎一模一样。著名乒乓球教练徐寅生说过一句名言："人生难得有几搏！"我的体会自驾游到了"关键时刻"也得"搏一搏"，也要冒一定风险，也要玩儿一玩儿"心跳"！从事这项活动时间长了朋友们会感悟到——随着岁月的流逝，人生的许多往事会变得模糊不清，甚至遗忘了……而唯独"心跳"的事儿，您会永生不忘！

一、深夜的遭遇

有一年的国庆节，我们中午从河北围场出发，打算去内蒙赤峰市，200多公里的路半天时间怎么计算也是富裕的，而且此路前两年走过，路况很好。不料这回碰到大翻修，动大手术，将这路所有横穿路基的排水管线豁开重新铺设。而且是铺天盖地，全线开工，一下子将这段路切割成近200块。这下可苦了我们这些过路车了，那年雨水多，每个排水沟都形成了一个大小不一的泥塘。我们每过一个排水沟都要跌跌撞撞翻下路基，蹚过泥塘，再挣扎着爬上路基，走几百米再翻下去……。开始还好些，后来发现泥塘越来越深了……。附近农民索兴干起副业，在经常陷车的泥塘边停台拖拉机，一张纸板写着大字"拖200、挂100"。我开始奇怪什么叫"挂100"？后来看明白了，农民中有一人穿着齐胸的捕鱼胶皮裤，人家要是蹚进泥塘把钢绳挂在您车上收100元。否则您自己在烂泥里干吧！每次开到这种地方都格外紧张，其实我们过泥塘还是有些经验，但是看见那些农民兄弟蹲在旁边抽着烟眼巴巴地盯着你……恨不得您立马儿陷入泥坑动弹不得……人家好挣这份钱时，不知怎地紧张了起来，手心直冒汗。那天还真对不住农民兄弟了！过了那么多大泥塘，连我都奇怪竟然一个也没陷进去。就这么足足折腾了一下午，饭都没顾上吃，天已经黑了，好在排水沟过完了，已经看到"黎明的曙光"——赤峰方向，国庆之夜的灯光照亮了半边天——还有10公里就到了，我们虽身心疲惫，但满心欢喜，计划到了赤峰好好吃一顿过国庆……忽然发现路被一排巨大的水泥路障挡死了，旁边一个工棚里露出了灯光，进去一看几个民工在喝酒打牌，一打听得知前面山体崩塌，让我们绕行。我们一看旁边果然有条绕行的路，顺着路走一路下坡，走来走去发现来到一片大河滩上了，我打开远光灯，顺着路小心翼翼地开着车，忽然听见前面黑乎乎的地方哗哗的水声……慢慢地走近一看不禁倒吸一口凉气，天哪！原来这条路径直伸延到河里去了，河面很宽，对岸看不清，估计有100多米，周围除了水声一片寂静，赤峰方向的光亮通过云层漫射到河面上，依稀可见滚滚的浪花……我们下了车，站在河边颇感茫然。我们俩仔细地回想刚才走下来的路……没有任何岔路呀？但是怎么会开进河里呢？于是我们又开回了工棚打听，这下彻底弄清楚了……原来塌方断路已半月，施工人员、给养器材、车辆及过往人员全部涉水而过，民工强调天气预报后半夜有大雨！一涨水，谁也甭过了，七八天是它，半个月也是它！我们又回到了河边，面对大河深感形势严峻。我们认真进行了商讨，最后统一了意见，那就是——目前前进不得，后退不得。似乎陷入了绝境。前进吧，眼前黑乎乎一片大河，翻滚着浪花，您往哪儿开？我曾提出我手持登山杖在水中探路，她开车紧随其后……我爱人坚决反对！万一我一脚踩空让水冲跑了，全完了。我虽年轻时是游泳二级运动员，说归说心里也发虚，深知大河不是游泳池，而且我都快70岁了……不能开玩笑。后退吧，近200个烂泥塘等着您哪！白天“蒙”过来了，再想“蒙”回去？休想！目前在下雨，涨水前最佳方案是在这里赌一把！打探消息伺机过河……假如涨水了，无奈只能做深陷烂泥塘的准备，原路返回。方案定了心里也踏实了，四个字“听天由命”。我们心想附近要是有位老乡打听打听情况该有多好……就在这时听远处河滩上有“咩咩”的羊叫声。随着声音越来越近，一位老汉赶着羊群从黑暗里走来，真是说曹操曹操就到了！我们俩欢喜若狂急忙跑上前去。“老大爷！您好哇！请问这大河能过吗？”“能过，能过！都过了十来天车啦！”“大爷！您看我们这车能过吗？”“晚上看不大清，什么车？”“桑塔纳2000”。“噢！2000能过，那个手托……”“奥拓！”“对奥拓、夏利过不去……”“大爷！这黑乎乎的，我们怎么过呀？”“别着急，只要对岸有车过来，你瞄个方向就行，人家在河底垫起一条路，平平宽宽的，没事儿，白天过的车可多啦，今儿晚上说不定下雨，涨水可千万别过！”……随着羊群远去，我们倾刻间感到心头“云开雾散，豁然开朗。”真是碰见贵人啦！

我们当即决定一个字“等”。此时才感觉实在饿了，我们在河滩上支起折叠椅，拿出食品，又用开水泡了方便面，边吃边守株待兔了。赤峰属坝上，十一夜晚很冷了，我们套上了冲锋衣裤，换上了登山靴，身上顿时暖和了，吃完野餐又沏了两杯热咖啡，边喝边望着满天乌云，刚才放下的心慢慢地又悬起来了，心想今天是“十一”长假，现在又是夜晚，谁会出来呀？正想着忽然感觉脸上有雨滴，坏了，下雨了！真是越怕什么越来什么，我们俩一阵手忙脚乱，收拾了东西，钻进车里，我看了下手表，夜10：30。我爱人忧心忡忡：

“怎么办？”我说：“从下雨到河水涨起来，最快也得30—40分钟，咱们再等30分钟，我去河边插个标，做个记号，这样水涨多少心中有数。”说罢我冒雨冲到河边找了根木棍，用石头砸进河里做了标记。时间一分一秒地过去了，我们俩心急如焚……过了15分钟，雨慢慢地大了……我们的心开始紧缩起来，深知成败就在这剩下的15分钟了，若有车那就是老天派菩萨来了，若没车我们就开回那工棚附近公路上过夜。明天打出1000元预算，做三次陷进泥塘准备原路返回吧！时间到了11点整什么动静也没有，我跑到河边标记处用手电一照，水似涨未涨，我回到车里说再等5分钟……“漫长”的五分钟又过去了，还是什么动静没有，我沮丧地打着了车，准备开回工棚了。忽然，我爱人说：“你听……”果然从对岸隐约传来了拖拉机的“突突”声，紧接着看见对岸有四个大灯时隐时现……啊！两台拖拉机……真是菩萨来啦！我冒雨赶忙跑到了公路伸进河里的地方，聚精会神地观察着……两台拖拉机在对岸一拐弯就下河了，照直朝我开了过来，浪花四溅。我以我站的地方为基准点，拖拉机拐弯的地方为另一个点向前延伸，透过雨雾，逐渐看清了——是两棵大树的影子。好啦，目标找到了！待两个拖着水泥管的拖拉机开过去后，我又到标记处仔细观察，似乎涨水了，此时我爱人已经把车开到了渡口，我上了车说了声“过河！”

我们打开大灯，以二档速度稳稳当当地开进了大河……雨滴砸在水面上形成的水泡与浪花混成了白花花的一片水雾……此刻我们的车成了一条破浪前进的船，车顶着水向前驶去……放眼前后左右全是哗哗流淌的河水……我爱人手握方向盘，稳稳地给着油，眼睛死死盯着那两棵大树的座标。此刻我们俩一声不吭，只听见发动机平稳的轰鸣声、水流的哗哗声，心脏“扑通扑通”的跳声……我无意向下瞄了一眼，发现水已顺着车门缝的密封条悄悄地渗了进来……我不露声色，深知此刻不能让司机有任何分神儿……100多米要在公路上是十几秒钟的事，可在四面临水的大河里显得格外的漫长……排气管吹出的气泡声扑噜扑噜地响着，现在必须一鼓作气，决不能熄火，否则水会顺着排气管倒灌，那麻烦大了，我已做好了随时下水推车的准备，我们忽然感觉到车身有漂浮的感觉，忽悠起来又忽悠地下去，我真怕漂走了。忽然我爱人大喊起来“车里进水啦！”是的，脚下的水有10公分深了，我心想水早渗进来了，就是没敢告诉你。我轻声沉着地说：“别管它，没事儿，注意方向！”我镇定的情绪感染了她，她再不作声紧盯住了前方……雨雾中逐渐显出了两棵黑乎乎高大的树影，车头冒着热气慢慢抬起来了……出水了！我们上岸了！夜，12点。在大雨中我们平安到达了赤峰市区。

自驾游的一些事不可思议，事先无法预测，事后也无法复制。老天爷似乎和我们开了个玩笑，先把我们逼到了走投无路的状态（好像伍子胥过昭关），又在最后关键时刻放了我们一把生路（好像捉放曹），绝路逢生。而这一切都是自然而然地发生、遭遇、解决，成功的关键是我们摸清情况后鼓起勇气的一搏，包括运气!

二、两次穿越大兴安岭

在计划去漠河自驾游，做功课时有一件事情总困扰着我——那就是从根河到漠河这段线路。这两点300多公里距离，但无论哪种版本地图都是一些断断续续的虚线，无路可走（可能现在修通公路了）。只有向东绕行加格达奇，然后顺加漠公路绕行一个大圈子抵漠河，要1000多公里。我很想去弯取直，但我深知没有向导走在茫茫林海里是一件非常危险的事。当年我在部队时曾在大兴安岭步行穿越了三天。我们三个干部由四名战士和一条军犬陪同去一个边防站执行任务，我们七人每人一支冲锋枪、五个子弹夹，可谓武装到了牙齿。第三天傍晚我们快宿营时，军犬在前面跑一阵子忽然不跑了，依在训犬员旁边向一个方向低声有些恐惧地叫着……训犬员小声告诉我们，左前方200米树上有只熊，而且个头儿比较大。我们都蹲了下来，子弹上膛，那情景真紧张，森林里最惹不起的是熊瞎子，它比老虎还厉害。过了一会儿军犬悄悄向那个方向跑去，回来向大家欢快地叫着，训犬员说那熊可能感觉到了我们人多，跑了。当晚大家一致决定犒劳那军犬一听牛肉罐头。几十年后，自驾游，一路上逢司机就打听这段路，几乎口径一致："无路可走。"到了根河我们下榻税务局招待所，车停在大院，前面临街便是税务局大楼。我放下东西上街见司机就问，回答是："没听说这么走，都得绕行。""听说能，但很危险。""不行，根本过不去。""太危险，没人敢走……"至此我收集到的信息都告诉我——这个险不能冒……我们决定绕行。第二天一早，6：00，我们就向车上搬行李准备出发（早出发已成我们习惯）。一下楼就发现一位50多岁的男人围着我们的车左转右转，这看看那儿摸摸，很感兴趣的样子。我一过去他就问："这是哪国车？""国产车！""什么牌子？""奇瑞瑞虎""还真有点虎头虎脑的样子……还是宽胎，多大排量？""2.4。""什么发动机？""沈阳三菱。”“我看看……”我打开了发动机盖，他非常认真地仔细看着……“看来，您是位老司机啦！”“老司机不敢说，30来年啦！”“啊呀！老前辈……老前辈！跟您打听个事儿……”“说。”“从咱这儿去漠河过得去吗？”“过得去呀！我昨天刚从漠河回来！”我一听，差点儿“乐晕过去”！

平常，我们总有句口头禅“踏破铁鞋无觅处，得来全不费功夫”。生活中真是这个样子。这件事折腾我将近一年了，从做“功课”时就日思夜想，四处了解，但总没结果。现在马上要出发绕行了，竟然在此时此刻“杀出个程咬金”来，说出这么一句重磅炸弹般的话。这无法解释只能说是天意了！就好像在深更半夜大河边，忽然出现一位赶羊的老大爷给我们指点迷津一样……

我连忙取出地图，铺在车前盖上请他详细指点。原来他就是税务局长的司机，因工作关系，所以常跑这段路。这段路分三段，第一段从根河到金沟河约120公里路极烂，可以说一塌糊涂，而且一下雨七八天都不能通行。但老司机摸到了规律，一般第十天以后可过，但也要小心，尤其过小木桥……第二段由金沟河至满归林场约80公里不好不坏。第三段满归林场至漠河100公里又平又宽砂石路。最关键是第一段只要过去，后两段问题不大。轿车底盘低不行，越野车、SUV均可通过。昨天是上场雨后的第十一天所以过得去。天气预报明日有雨，要走，今天是个机会！路上手机无信号，金沟河、满归林场可以用当地座机打长途。他还提示当地很多人一辈子没出过林子，所以问路甭提漠河，第一段提金沟河，第二段提满归，提多了人家一概不知道。十来分钟的情况介绍，简直是“醍醐灌顶”、“切中要害”、“画龙点睛”啊！我感动地说：“我就是打着灯笼也找不着您这么熟悉路况的人哪！”他说“真让你说着了，全根河属我这条路跑的次数多……这也是让局长给逼出来的。”千恩万谢后，我们去加油站将油箱、副油箱全部加满，匆匆吃了早餐就上路了。

第一段路况确实很可怕，根本不叫路，好像是一个设计好的汽车试验场里的越野路段，一个坑与一个坑距离很近，车行走在上面好像走弹簧床一样，五脏六腑都要给颠出来了，我们以最慢的速度在这搓板路中爬行……我们理解了当地司机都说不能走的道理，心里没底一般人都给吓回去了。两小时后又进入了大片的泥塘，烂泥塘一个挨一个，好在距上场雨十多天了，积水起码少了一半，这段路地势很低，一下雨水排不出去肯定是一片汪洋，尤其令人担心的是，那些大小溪流上的小木桥都是临时搭建的，很脆弱，车到了桥边，我先上去仔细察看一番再指挥车上桥。由于情况掌握充分，所以无论路况多差，心中很沉稳不急不慌。林区里风景很美，不时见到一些肚皮是白色、两耳上有一撮尖毛、体型硕大的松鼠跳来跳去，羽毛漂亮的野鸡飞来飞去……路虽烂，但没什么岔路，一条路蜿蜒曲折，我们俩不敢怠慢，提着一口气轮流着驾驶，终于用6个小时走完这120公里的烂路，初战告捷！于中午1：30抵金沟河。（最高纪录，有一次在陕南从紫阳县到渔渡，81公里烂路走了10个小时！）。这条河沟有金矿，早年间闯关东的人都到这里掏金，现如今金矿关闭了，大部分人都走了……村中央路口坐着几位着中山装的老人。聊了会得知他们几乎一辈子呆在这里，最远去过海拉尔或根河，有一位老人一生没出过山沟。我们在村外野餐后开始了第二阶段行程，果然路程明显好转，虽然不时也有烂泥塘，坑坑洼洼，但也会有一段平路，车子可以跑一会儿了，但新的问题又出现了——那就是岔路口越来越多了——无路标，无人可询问，只能自己判断，因此让人心焦，尤其是呈放射型的路口，我们只好在一个路口做个标记，开进去感觉方向不对回来，再找个口做标记开进去……这么一来耽误了很多时间。

有一次我们在一段路上开着开着一转弯就怔住了……一只体态优美长着两支鹿角的梅花鹿，站在路中央一动不动地望着我们，我们从来没有在大自然里和大中型野生动物有如此近距离的接触。四周一片寂静，只有发动机微弱的怠速声，我把发动机悄悄关了。那只鹿站在那里纹丝不动，好像给焊在那里一样，目不转睛地看着我们……我们也屏着呼吸目不转睛地看着它……时间似乎停滞了……我爱人忽然小声提醒我说照相啊……啊呀！真是看傻了连照相都忘了……我连忙拿出相机，慢慢钻出天窗，就在我把相机对准它要按快门那一刹间……只见它昂首一个弹跳，在空中画出了一个优美的孤线（最高点足有两米高，我似乎感觉它停在那里静止了……）而后消失在了密林深处。我们俩呆呆地半天没说话……这是一次“仙遇”，让我们和大兴安岭里的“精灵”不期而遇，心中的激动难以言表……

下午5：00，我们开到了一个有几个岔路的口，我们停了下来仔细地辨认方向，找了一个我们认为方向对头的路口，做了记号就开进去，谁知七拐八拐之后竟然跑到相反方向去了，真是奇怪？我们退了出来，两人商讨与其这样一个一个探下去，还不如在这里等一下，万一有过路车可以问路（我们计算这里恐怕离满归林场已经很近了，与人车会面的机率较高）我们于是停下车，还没缓过神来，忽然不知从哪个路口冲出一辆摩托车，一溜狼烟开了过去……我连忙追了几步，但已经来不及了。望着摩托车远去的方向，遗憾，在大森林里遇见个人是多么地不易，竟然让我们给放过了……谁知那辆摩托在远处拐个弯又开回来了！真让我们喜出望外……车一停下，车手便说："北京来的？""没错儿""要去漠河吧！""没错儿""跟我走，给你们带路"我们赶忙劝阻"不用，不用！给我们指个路就行！"他说"不行！这段路岔口特别多，你们到了前面还是找不着北，我把你们送过去就放心了。"边说边开动了车，我们只好跟着他。人家还真说对了，不远处竟然又有多个这种放射状的路口，不跟他走，还真过不去……最终他停下车说："好啦！前面十分钟就到林场，过了林场一条大路直通漠河，祝你们一路顺风！"说罢，还没等我们答谢……摩托车一给油，一阵风似地消失在尘雾中了……我们俩凝视着他远去的方向，久久说不出话来……一对视时才发现我们眼中都饱含着泪水……边远地区的人们的质朴与真诚不止一次地打动了我们……一次在西双版纳的密林中也是遇到了类似的情况，一个开着十吨大卡车的傣族小伙子执意要给我们带路。我们说："你这么大车，跑一趟要耗多少油，花多少钱？"小伙子说："路上能碰见就是朋友，别提钱！"他硬是开了近20公里，把我们带到路口，才掉头回去。可当我们开进一些大城市问路时，会出现令你无言以对的场面。在立交桥下一些人正在下棋，我们向他们问路时，他们连头也不回，甚至会随手从身边拿起一个纸牌子，上面写着赫然醒目的大字"问路50元"……晚七点我们开进了漠河，而后又去了北极村。

回程我们走加漠公路，去黑河途中又出现了意想不到的情况……一出加格达奇走了十来公里，发现前面停的车一眼望不到头，一打听得知因修路从昨天上午便断路了。这种事，我们遇到多次见怪不怪了，只是两个字——"无奈"。修路是好事，但您怎么也得出个安民告示——"这段路打算修几天，过路车怎么个绕行法……"一概没有！而且您要去问，不但一问三不知，更可气的是他都懒得搭理你……就这么糊里糊涂不明不白地把您堵在那里，三五天是它，十来天也是它……但有一次例外，只要一回想起来就让人痛快！那是在藏区，也是遇上修路断路，路中央架了个木牌上写"施工断路"，旁边一个工棚，我们几个司机去问："到底是断半天？一天？还是几天？"因为我们看前面所谓施工路段没有人干活？棚里几个人在抽烟打牌，我们问了半天，他们连头都没回，不做任何回答，连理都不理我们。我们出了工棚十分郁闷、窝火。下面怎么办？怎么个绕行？

片刻，只见远处公路上扬起一阵阵尘土，一个车队飞快地向我们驶来，

北极村的黑龙江边

全部是清一色越野车，前面十几辆是丰田4500，后面是北京吉普，车上经幡彩旗飘舞，藏民们站在车上，手持转经筒，不时地向空中抛散着小纸片，车速极快！我看得有些不知所措……旁边一个藏族司机提醒我说“快上车……”说时迟，那时快——只见领头的一辆大丰田以迅雷不及掩耳之势冲向挡路牌……刹那间挡路牌被撞得粉碎，木片飞向了天空，工棚里出来的人被吓得目瞪口呆，瞠目结舌……一辆接一辆的车，在叫喊声、口哨声中、尘土中依次风驰电掣而过，空中飘洒着雪片般的经文纸片，我们几辆跟在后面也冲了过去。什么叫气魄？什么叫豪迈？什么叫百万军中冲锋陷阵？那一刻我都体会到了……真可谓气势磅礴、势如破竹、藐视一切！那种潇洒、淋漓尽致痛快的感觉一生未曾有过……太爽了！事过多年，我百思不得其解？这些藏民是去朝圣？还是去参加什么节日庆典？为什么以这么快的车速，气吞山河之势，毫不迟疑地将挡路牌

撞得粉碎？他们过去难道和这个修路队有什么过节？总之理不出个头绪，一头雾水，但是每当想起，我从后视镜里看到那几个放路障的人，站在尘土中，头顶上飘着雪花般的经幡纸片，呆若木鸡的窘相，我就想笑……书归正传，我们把地图铺在发动机盖上，研究出路了。方案A：退回加格达奇住下，什么时候通车什么时候走。方案B：绕行——从加格达奇向西抵根河，而后南下抵呼伦贝尔，再向东抵牙克石、大庆，再折向北经五大连池抵黑河，至少得五天。方案C：执行早已搁置的穿越计划。原来早在一年多前做功课时，就曾考虑过从加格达奇穿越兴安岭抵黑河。我们在加市下榻时我也询问了当地司机，口径一致："过得去，路烂土大，万不得已不走，宁可绕行。"我们当时考虑已经穿越了一次见好就收吧，因此决定绕行。但现在情况变了……A方案基本不予考虑，只在B、C中挑选：是花五天绕个一千公里大圈子，还是200多公里穿越兴安岭？我们俩一致决定——穿越！说干就干，立即回到加市将副油箱加满。早上8：00我们开上了林场小路，路上虽然也烂，但比起去漠河的路相对好多了，路上无车无人，手机无信号，但我们一点儿也不紧张，很放松。风景依然美丽，清澈的河流、茫茫林海……公路盘上山顶时我们就停车喝茶，欣赏大自然美景。我们心里有底，这样的路况，一天200多公里应当说时间充裕。中午我们在一条大河旁美美地吃了一顿丰盛的野餐，而后又休息了半个小时。下午遇到的问题是浮尘，路上的浮土竟然有一尺多厚，比面粉还要细，车一过扬起一道土幕……而时不时又有大泥塘，这样我们的车似乎成了野猪——泥里打个滚，再进浮土里打个滚，沾满了再进泥塘，白车成了黑车……待我们下午4：30开进黑河时，路人行人及公共汽车里的人都冲我们指手划脚……我们赶紧找了个洗车的地方，老板一看面有难色……我明白了，给一份钱这车是没法儿洗的，我立刻给了两倍价钱。晚6：00我们干干净净地进了市中心。

自驾游的每一天都是扑朔迷离的。这两次"穿越"，早上起床时都没有这个打算，而晚上到驻地时却完成了！这一切都缘自情况的突然变化，而我们立即"顺应"了这个变化，可谓"缘"于"自然"、"变通"于"自然"。

三、翻越无人区

第三次进藏，我们要走川藏路318国道，早在两年前做功课时就对自川入藏的线路进行过反复的研究。走"雅安→泸定→康定→理塘→巴塘"这条线路是最捷径最常规的。但是一则这条线怎么走也得夜宿理塘，而它海拔4000米

（和日喀则一样），当晚非得出现强烈高原反应不可。而我们这次进藏就是要接受前两次教训，避免高原反应——想方设法慢慢地升高海拔，在不知不觉中完成身体的适应。二则理塘社会治安不好是出了名的，拦车、碰瓷儿，索要财物时有发生……最好别在那地方停留，少惹麻烦！因此这条线路给否掉了。不走这，走哪儿？经反复研究终于筛选出一条理想路线“雅安→西昌→盐源→木里→蒙自→亚丁→稻城→理塘→巴塘”虽然此线绕了个小圈子，但是它符合我们此行慢慢升高海拔的要求，避免高原反应。所谓慢慢上，不是爬楼梯的概

川藏路-318国道

念，最好是上两步，下一步，再上再下来，反复逐步升高。西昌螺髻山海拔3800米，盐源2000多米，木里2000多米，蒙自三处山口3000多米，亚丁4000多米，稻城3000多米，而且从稻城至巴塘正好一天车程，理塘不用停留。我们计划在亚丁、稻城多停留几日，作为进藏前训练基地来适应高海拔。而且盐源至稻城这段路没走过，会有新鲜感，增加行程中的乐趣。这个计划，从几方面考

虑都比较完美，但问题恰恰就出在这里。

当我们一早从盐源出发，就被优美雄险的风景吸引住了——公路在群山中蜿蜒盘旋时而升至山顶时而下至谷底，奔腾的江水、茫茫林海、洁白的雪山、深深的峡谷，令我们时不时停车拍照观赏风景，我们暗自感叹这条路选对了。11时我们开进了建在半山中的木里藏族自治县。那天天气极好，蓝天白云，从远处看县城有些白色建筑群散落在翠绿大山中，好似天上的仙宫一般。路旁有藏民在卖西红柿、黄瓜，我们停车采买，不远处停了十几辆大卡车，一群司机在那里好像在议论什么。忽然我爱人说：“你听见了吗？”我正在专心挑西红柿没在意，便问：“怎么了？”“前面桥断了，过不去啦！”“啊？！”“我一听着实地吓了一跳！赶紧过去打听——原来过了县城，前方蒙自大峡谷的桥断了！这次遇上大麻烦了！

我们打开地图找出路……方案A：从木里退回盐源而后西进至泸沽湖，绕湖一周进入云南丽江、赴中甸、翻雪山垭口、走乡城绕至稻城。此路最快七八天，最令人担心是从雪山垭口至乡城这段是出了名的烂路。早年中国自驾游第一人廖佳就谈起过此段路的艰难……方案B：从中甸赴德钦，沿滇藏路进藏。这样走海拔急剧上升，免不了高原反应，最遗憾的是违背了体验川藏路的初衷。方案C：从木里退盐源再退西昌、再退雅安，走泸定、康定、理塘，但此路高速未通，国道烂得一塌糊涂，路上两次遇大塞车差点被困在3000多米的雪山上，来时吃尽了苦头说什么也不敢再走了。方案D：绕大圈从西昌进云南，从元谋绕行马玲河峡谷，再入川至乐山、峨眉山，转至雅安……此行少说十几天。若这样我们原来的计划就泡汤了，因为进入雨季川藏路险象丛生。看来四个方案都不妥，中午了，先进城边吃饭，边打听打听。

我们心神不定地开进县城，由于是山城，路很狭窄，很难找到停车的地方，好不容易找到一个停车位停了下来。一下车，见旁边一个卖手机及配件的小店，里面有三个人在喝茶聊天，我们拿着地图走了进去，打听情况。原来桥是一周前断的，这次公路局要彻底建一座高标准大桥。看来三年之内是通不了车了。我们沮丧到了极点，心想这次看来要重新考虑此行目的地了，今晚先住在县里再说吧！临走，我无意问了一句：“难道没什么小路可以绕过去吗？”只见其中一位戴眼镜留着小平头三十八九岁的人，面带微笑地说：“路到是有一条，915林场小路，就是不知道你们能不能走？敢不敢走？”真是一

木里问路

语惊人！我们怔住了……他详细询问了我们的来龙去脉后说：“看来你们有点儿骑虎难下，欲罢不能啊！我问你们几个问题，驾龄多少年了？”“十八年。”“出过事吗？”“被人撞过己方没责任！”“这车几驱？”“四驱。”“副油箱带了吗？”“20升的已经加满了！”“没问题！”说罢吩咐两个伙伴：“你们俩给人家好好讲讲，找纸找笔该写的写清楚。”说罢，出门骑上摩托走了。

原来情况是这样的：出县城向西，是蒙自大峡谷，倘若向北，沿江边有一条小土路，50多公里处就是木里大寺。再向北，有一条路况很差的小路，走120公里有个小藏寨叫唐央。从那里向西，有一条羊肠小道——充其量是个有车辙印的，林场专供拖拉机走的一条林间小路。穿过原始密林，中途要翻越一座3000多米的雪山垭口，抵达另一个小藏寨东朗。此小道275公里，途中全部是原始森林，无一户人家，无手机信号，是个地地道道的无人区……从东朗向南，再折向西，走95公里小路便可抵稻城。此路一年之中只有五月初至六月上旬汽车可通行，因为进入雨季或大雪封山都不行，而且此路对车要求很苛刻，车大了过不去，车小了力量不足也过不去。拖拉机可以拐直角弯甚至锐角弯，它只要把一边履带刹车，原地都可以转弯，而汽车不行，此路弯急坡度极大超出了一般车的爬坡能力，所以只有中等车型动力充沛的四驱越野或SUV可以通过。此路出过几次事故，车毁人亡，全县知道此路人不多，能走此路的车寥寥无几，敢开车走此路的人更是凤毛麟角……正讲着，只见那人骑着摩托带着一个系着红领巾的小女孩又回到店前，嘱咐那两人说：“人家是北京来的，一定要给人家讲清楚，写明白，尤其是唐央的那个路口不好找，它是个很陡的坡，不像汽车走的路，这是个特点！”说罢又问我：“你这车我没见过，什么牌子？”“北京现代ix—35。”“排量？”“2.0。”“多大马力？”“160马力。”“嗬！2.0排量这么大马力？没见过！烧什么油？”“92号油。”“按道理它得烧98号油哇！还挺皮实！我再问你一遍你这车是两驱，还是四驱？两驱车可过不去的。”我说“四驱，真正四驱。”“四驱行，没问题过得去！”他又半开玩笑地说：“过去了！车可毁得差不多啦！”说完一加油走了……。我望着他的背影感叹地说：“你们老板真是个热心人，没想到他对车还挺在行的！”那两人哈哈大笑说：“什么老板？他是我们县交警大队长！”

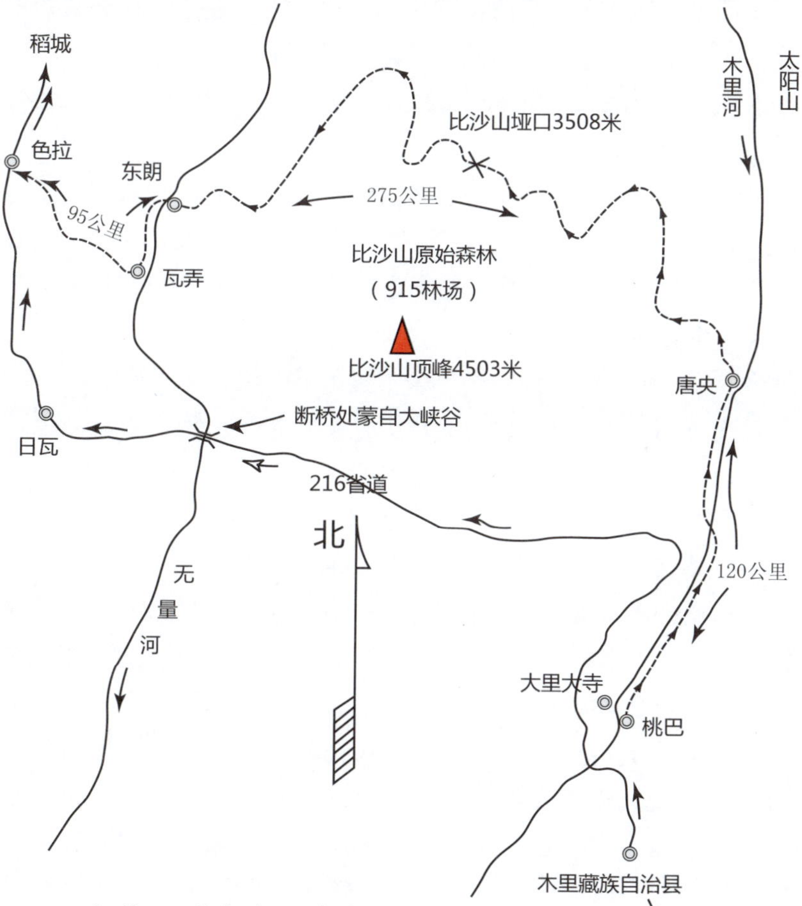

翻越→“唐央—东朗”，

无人区示意图

我们俩着实吃了一惊！那两人接着说："这小路我们没走过，都是听他说的，过去他常去稻城那边处理事故、开会，桥断了不走小路不行，这不，前天他刚走这路从稻城过来，你们算拜着真佛啦！"我们拿着他俩给我们写的简况及画的图，千恩万谢地出了小店……此刻我的心情愈发地沉重、愈发地茫然和不知所措，可谓又喜又忧，而且忧多喜少……喜在我们竟然在如此短的时间内获取了如此重要的信息——知道了有路可通，知道了怎么走，而且还见到了前天从此路过来的人。但我深知此路之凶险，对我们是空前的一次挑战！过去走的无人区充其量是"亚"无人区，而这次可是动真格的了，275公里原始密林真正无人区，而且手机无信号中途还要翻雪山？车毁人亡的事故令人听来胆战心惊！心里好像十五个吊桶打水七上八下，不知如何是好。不走吧，此行彻底告吹，只能另辟蹊径，而此小路可谓机遇难得，人家能走为什么我们不能，而前天刚过，证明此路无论是桥、溪水、泥塘是可通行的……我们的车是最新款SUV，动力是国内2.0升中排量数一数二的160马力，四轮驱动——条件具备，走，要冒相当大的风险。我们一个快70岁老大爷、一个快60岁老奶奶，值得冒这个风险吗？路上真遇上什么事儿，可什么办法也没有哇！心情越想越乱……像个开水锅。中午吃的什么饭、什么菜？全然不知……我爱人也看出我魂不守舍的样子说："这915林场小路走与不走考虑成熟再说，咱们先把下午日程定下来。"我一想有道理，我们边吃边商讨定下来：吃完饭去县商场再补充一些罐头及蔬菜水果，将油箱加满油。再去木里大寺，晚宿哪里待定。

给养补充齐备，我们出县城沿江边一条小土路向北开去，一边是悬崖峭壁一边是奔腾江水，小土路曲曲弯弯，路险、弯急，一路上感到了几分萧瑟之气，路上一个人一辆车也见不到。木里大寺是全国重点文物保护单位，是藏东川西南，历史最悠久、规模最宏大的一座藏传佛教庙宇。我们从江边公路盘旋而上，由不到1800米海拔，直上到近3900百米，几乎是垂直上升，公路似乎在原地左转右转，令人眼晕。大寺座西向东，在山巅之上俯视着脚下的茫茫群山与芸芸众生。大寺后面有一座山峰直插云天，上面有积雪，像一座屏风挡在了后面，山峰上大寺周边全是原始森林，衬托着金壁辉煌的大寺更显得气势恢宏，此时天色已晚，正值夕阳夕下，落日的余辉照耀着群山，视野极开阔，能望出一二百公里，令人心旷神怡……如此的美景竟然没引起我的欢愉，我呆呆地望着远山，心在想，刚才问了几位喇嘛，他们竟然对什么915林场、唐央小路一无所知……看来在当地知此路人也不多。我爱人说：“别发呆啦！下不了决心，咱们去云南吧。”我好像忽然“悟”到了什么？对了，“决心”！现在就是没有这个勇气下这个决心。为什么没这个勇气，“细节”——找到根本了，我心里对这个915林场小路“细节”知之甚少！所以心中没底……这位县交警大队队长是位“贵”人！可谓仙人指路，但我们知晓他的身份与经历时，人家已带女儿回家吃午饭了。明天找到大队长，哪怕半个小时、一个小时，也要搞清楚小路的“细节”。找到了问题所在，心情豁然开朗。看来小路的具体情况不摸清楚，这个决心是很难下的。

木里大寺有个非常漂亮的招待所，一个三层藏式建筑小楼。前面有四个篮球场面积大小停车场，再前面是万丈绝壁，不但位置好，视野也极好。但房间里脏乱得一塌糊涂，而且电路故障当晚没电，当时天已暗了下来，顿感寒气逼人，我们一想如此高海拔又没电，夜里又冷，再来个高原反应可麻烦了，于是下山。待下到山下桃巴，天已完全黑了，江边有个藏民开的小旅店，我进去一看房间虽小但是很干净，决定住下来，明天一早再去木里县，老板很热情，给我们冲洗汽车。小旅店里只有我们两位客人，我们决定和老板一起吃晚饭，就在老板娘在炒菜的时候，我是三句话不离本行，又问起915林场小道的事，没想到老板说他去年曾经走过一次。我们俩顿时感到喜出望外，不由得交流了一下眼神，冥冥中我已经知道老天在帮我们了，因为你想什么，什么就来了。老板告诉我们，原来去年也是这个时候，一位从泸沽湖那边骑摩托要去东朗探亲的藏民，到这儿病倒了，歇了几天还是身体虚弱，于是店主人用他的212吉普车，连人带车走小路给送到东朗。听罢，我立刻去车上取来三听罐头打开，又在他餐厅买了瓶白酒和老板边吃边聊开了，我爱人又拿来笔和纸，时不时请老板边画图边讲。酒好菜香老板来了神儿，喝得高兴，吃得舒畅，自然话匣子打开，此地藏民汉话都很好。我们俩听得极其认真，边听边记录，“细节”是我们最渴望知道的，随着情况掌握得越来越多，我的勇气也越来越足了，好像一个气球慢慢充足气了，饭吃完了，我的决心也下定了！电视播出明天是个大晴天。我们和老板商量后决定，3：00出发——计划用拂晓前三小时走完这120公里的烂路，早上天刚亮6：00抵小路路口，用13个小时完成穿越，晚天擦黑前抵东朗。饭后我仔细地检查了车辆及胎压，和老板结了账，老板娘打算明早给我们做早餐让我们谢绝了。

木里大寺

第二天凌晨，皓月当空，照得大地一片银白，老板给我们开大门送行，祝我们好运！三点整我们准时出发了。100多公里的路上布满了大大小小的泥塘，看来这路根本无人保养任其自然状态。我们在月光下，开着大灯，毫不迟疑地开进了一个又一个的大泥塘，我们之所以敢这么干是来自于老板准确情报，他近日还去唐央送过人，泥塘多是雪水融化而成，而且全是硬底不会陷车，所以路上一点没耽误时间，天刚刚亮，5：50分我们准时抵达915林场小路路口了。我当时心底里暗暗感激这位老板，没有他的情报我们大约得走5小时以上，因为每过一个泥塘都会提心吊胆，哆哩哆嗦呀！碰到二三十米的大泥塘，我不脱了鞋拄着登山杖走一遍，哪敢向里开呀！一路上没遇见一个人一辆车，陷进去无任何办法自救。再有四轮驱动，明显地感到有超强的通过能力。

在唐央路口沿着车辙印上山了。刚一上山便尝到了苦头，老革命遇到了新问题，这些年我们走南闯北，什么烂路险路没走过？可恰恰这样的路还真没走过，因为它根本就不是汽车走的路！是履带拖拉机走的——坡极陡，弯极小。我们也曾开过陡坡，但这么陡，这么长距离从来没走过，坐在驾驶员位置上根本看不见路，只能看到天空与树稍……好像飞机驾驶员向天上飞。我们运用过去的经验用登山杖上系个纱巾，我爱人在前面高举着登山杖指挥着，我以纱巾为参照物，慢慢向上开。160匹马力的强大动力与扭矩，输送到四个主动轮上，汽车稳稳当当一尺尺地爬了上去，整个儿路程不间断的之字型，每爬二十几米的陡坡便有一个急弯或称之为胳膊肘弯，几乎是原地掉头，场地极为狭小。拖拉机到了这儿一边踩刹车，一边给油，原地打转，生生地可以掉头，可汽车不行啊！我们前后只有近一尺的量，只能进半尺退半尺，打一点轮再进半尺退半尺，就这么一点点挪动，我爱人精心指挥着，我全神贯注驾驶操控，稍有不慎车子就可能滚将下去。我们沉着冷静相互配合，把近20年驾车的看家本事都拿了出来。此时此刻我们心中只有一个念头，爬好每一段陡坡、转好每一个小弯。就这样越配合越默契，左一个、右一个地慢慢爬了上去，也不知爬了多久，转了多少个弯，感觉路有些平缓了，从看树稍逐渐看到树干，再慢慢看到树根看到地了，转弯地方也宽敞些了，前后进退两三次就可以转过来了。这时，我们才发现，我们已经在一座高岗上了，远处的雪山依稀可见……我们心里很清楚，第一道难关我们闯过来了！昨晚老板说过，这第一道关十辆车有九辆过不去……

我们沿着车辙印，在原始密林中穿行，路总体呈不断上升的趋势。密林里很美，简直就像个童话世界，长满了苔鲜、挂满了树挂的参天大树直插蓝天，几个人都合抱不过来。树下灌木丛中大朵大朵的野杜鹃花正在盛开，粉红、红、白，争奇斗艳……可惜我们无心赏花观景，不敢怠慢不敢停留。不久，我们驶进了一个林场的生活区，七八幢用原木搭建的房子，散列在一条溪流边。绿茵茵的草地上开满了各色各样的野花，清澈的溪水哗哗地流淌着。我们不禁停下车，一个个打开房门，见里面干干净净，有的屋内还摆放着桌椅，铺着干草。我们放声大喊："有人没有哇？"四周一片寂静，只有潺潺的流水声和鸟儿的啼鸣……我们不禁感慨万分，这里简直就是一个世外桃园哪，假如带足给养在这里安安静静住上它半个月有多好。但一想起刚才路上那个巨大的陡坡与弯道，心中还有些不寒而栗。

我们向前行进入林中的一大片湿地，小溪一条接一条，用石头叠的木头搭的小桥一座接一座……我深知危险就潜伏在每一座小桥中，因为一看便知，这样所谓的桥，从搭好后从来没有人维修过，木头已糟朽，石块已松动。昨晚老板也讲，任何一个小桥都有可能把你"卡"在那里。所以我们格外当心，我

路上的原始密林和野杜鹃花

干脆拿上大铁锹、斧子跑在前面一个个检查，发现有松动之处设法固定，发现有糟朽地方从旁边拉来树枝砍断垫上，就这样查一座过一座，修一座过一座，我们明知四天前大队长走过，但发现很多地方木头已经断了，丝毫不敢疏忽大意，每座小桥我们认为没问题了才敢过。我爱人开车，我跑前跑后，搬石头、砍木头、铲土、垫桥，忙个不停，就这么折腾了两个多小时，一身大汗竟然没觉着累，事后想起来真不可思议，我也是近70岁的人啦！上午10点多钟，这个险段也通过了，而后跑了几十公里相对好些的路，路上泥塘大坑一个接一个我们逐一通过，这时发现我们已走到一个大峡谷的边沿上，我知道最危险的路段到了……

这是一段修在悬崖边，几百米长非常狭窄的小路，窄到我们的车将将蹭过去。右边是近几十米高的峭壁，左边是百米深渊，深渊下面是一条奔腾的激流。我们停下车屏住了呼吸仔细观察，越看越害怕，原来由于日积月累，常年风化加上没有任何人保养清理，右边悬崖上崩塌下来的沙石已把路面堆积成倾斜状了，即右高左低！车若开上去是向左歪！而向左边深渊望下去可见几辆汽车残骸躺在激流中。见到此景我们不禁倒吸一口凉气，令我们毛骨悚然。我们百思不得一解，前四天大队长的车是怎么开过来的？难道就是这么歪着过来，而没掉下去？还是人走过来，两边有车接送？唉！怎么想也没用，反正我们不敢这么走，必须修路！说干就干，我们无退路，此刻我觉得肾上腺素又一次起作用了，浑身的肌肉都绷紧起来！总体施工方案是降低右边抬高左边。如右边工程量过大就挖沟，只要右边轮子进到沟里整个车身就会趋于平衡，而左边过低地方一定要垫高，左边垫得高也会把车摆平！应当说我们俩干得很疯狂，不用动员，不用督促发疯似地干了起来，我爱人用大斧子敲刨右边高地，我用大铁锹铲土，我深知这是为自己生命而干。我们一口气干了40多分钟，要知道这里海拔起码也得3000多米了，按道理每动一下都会喘粗气的，会有一定高原反应的，可那天就这么折腾竟然啥事儿没有。事后分析可能像老百姓说的“狗急了能跳墙，兔子急了能蹬死鹰”。我们肯定是“破釜沉舟”无退路而超常发挥了。人急了是会干出意想不到的事儿来的！修好后我又仔细检查了一遍。我在前面指挥，我爱人开车，开始过险段了。车慢慢一点点向前挪动着，我站在车前时不时用大铁锹再挖挖垫垫……我们外出每次凡过最险的路段都是我爱人开车，女人胆大心细。有一次在四川从朱德家乡仪陇去阆中途中夜行，她硬把车顺着两块木板开上了渡船，令我佩服得五体投地。这次也不例外，车子操控在她手里格外平稳，有一个地方窄得连右边后视镜都得掰平了，车子几乎是蹭着石壁在走，因为左轮已经一点儿富裕都没有了，基本是轧着悬崖边，几百米的路走了30分钟，我们终于通过了“老虎嘴”，我们就叫它这个名字吧！确实很贴切。中午1：30，我们开到了飘满经幅的海拔3508米的比沙山垭口，这里是唐央与东朗两个保护区的分界线，山口上插着一个木牌，上书“东朗森林管护区”。

我们俩着实地松了一口气，90%险段已过。从这里往东望去，洁白的海拔4382米给日公雪山似乎和我们处于平行状态。我们知道雪山脚下就是唐央，我们就是从那里开过来的，向西望去，最远处雪山脚下是一片林海，那里会不会是东朗？因为我们隐约看到有一缕缕炊烟从那里飘起。兴奋之余我们才发觉，从凌晨2：30到现在，已经整整11个小时水米没沾牙了！但竟然没觉得渴，没觉得饿！看来我们是过于紧张了，弦绷得太紧了！我们一人吃了一个西红柿，待我们再吃胡萝卜时我看了下表，2：00整。不可再休息了，抓紧时间。我嚼着胡萝卜开车下山，西面的路明显好于东面，有的路面甚至是很平整的沙石路，可以每小时30公里时速跑上它一段，我们十分知足，一路更加小心谨慎，晚上7点和我们昨天预计的时间几乎一模一样，准时开进了东朗。

比沙山垭口

一位68岁的爷爷，一位59岁的奶奶，以单车无后援模式从凌晨3点至下午7点，克服重重险阻，穿越原始密林，翻越雪山垭口，长达16个小时，连续驱车强行军395公里，途中未遇一车一人，期间两位老同志每人只吃了一个西红柿一根胡萝卜。这段经历将永远珍藏在我们的记忆之中。我们深知，这对于我们恐怕是空前绝后了。

东朗乡才一二十户人家，但它是乡政府所在地。我们把车停在了乡政府旁边全村唯一的一家亚布热旅馆的门前。这是一幢典型的藏式二层小楼，一楼是小卖部及库房，二楼是卧室客厅和旅店。我们向小卖部里的大嫂道：“扎西德勒！”就是“吉祥如意”的意思，问她“可以住吗？”她说：“欢迎，老板在楼上。”我爬上二楼，见一穿着旧军服的中年大汉，正在全神贯注地修理电灯。他说欢迎住下，20元一个床，并且让我把车开到旁边乡公所大院里去。他见我流露出不解之意，又说：“我是这里的乡长兼党支部书记，我说了算！”我把带的小礼物糖果分给了乡长的孩子，又开了几个罐头与乡长共进晚餐，乡长很兴奋，讲这条小路他们都不敢走，我们是他见到从

亚布热旅馆

这小路开过来的第一辆北京的车子，他认为了不起，肯定有菩萨在保佑我们。原来他在北京南口当过兵，复员后成了全乡见过世面有头有脸的人，被选为乡长兼书记。我向他详细询问了明天的路况，一直聊到夜深。

第二天早上5：30起床，天刚刚亮6：00我们准时出发了。这段路全长95公里，先是沿着一条江边顺流而下，然后在一个两江汇合处——瓦弄沿另一条河逆流而上抵稻城。此路起伏不大较平缓是沙石路，但可怕之处它竟然有多处“老虎嘴”！当地藏民多骑摩托问题不大，但汽车开上去，是歪的而且向江水这边倾斜，感觉江水翻着浪花滚滚奔流，似乎有一种吸引力，在吸你，实在可怕……我们小心翼翼地开车，能勉强通过就过去，一看倾斜坡度太大就停下来修路，好在昨天已干出经验来了，所以活儿干得很快，路虽窄但比昨天强多了，平多了，但走着走着对面有一辆藏民拖拉机开过来了。此路一辆车走还行，两车可相当挤，我们把两个后视镜都掰平了，贴着崖壁一点一点蹭过去，但非常后怕！因为幸亏会车的地点不在“老虎嘴”上，若在老虎嘴上，路又是倾斜的，无论如何两车也蹭不过去，只能一车退让，谁退？怎么退？谁退谁掉进江里。我们想了个办法，再遇到“老虎嘴”，我们索性停车两人修路，修完路一人跑到前面设路障站岗，万一对面来车劝说稍等。此法果然奏效，一辆915林场的212北京吉普被我拦住了，待我爱人把车开过来我才放它过去。就这样我们用了六个小时完成了这段95公里的路程，中午12：00整，我们从土路终于开上了柏油路。激动的心情难以言表。

至此，历时两天整从木里到稻城，总行程540公里的“翻越无人区”画上了一个圆满的句号，应当说这是一次“机遇+经验+设备+勇气+心跳”的完美组合。

四、点评

近20年自驾游中类似这样的经历还有一些，只不过这三个例子最典型。下面我想和朋友们共同交流一下感想。

A. 顺其自然。夜过大河，两穿兴安岭，翻越无人区都有一个共同的特点——那就是突然间发生了不可预测的变化，打乱了原来的计划。但天佑神助、临危不乱，沉着应战、化险为夷了……其中核心之核心是自然而然地发生了，自然而然地解决了克服了……一切尽在自然中。自驾游活动的本身就是人和大自然的一种无拘无束、亲密、自然的交流、互动和感悟……我觉得“顺其自然”应当成为自驾游的一个法则。不必刻意去追求什么……不必刻意非要这样那样。有“仙人”指路，情况摸得透，有实力、有把握，我们就“搏它一下”，“心跳一次”。若没有，无所谓，我们另辟蹊径。在翻越无人区时，假如旅店老板没走过小路，假如回到县里没碰上大队长……我们可能改变计划去云南了。偏偏那天从中午11点至晚上9点连续不断地、自然而然地发生了许多“巧合”，不可思议的事情……怎么会恰恰有个车位停在那里，进了旁边手机店遇见交警大队长？怎么会恰恰住江边小旅店，老板走过那条小路？根河税务局那位局长司机不早不晚地出现？大河边那位放羊的老大爷的偶遇？都太巧了！其实这就是“生活”，古人云：“无巧不成书”。我们第三次去壶口瀑布时，从停车场陆续走进宾馆六个人，我们按顺序填表登记，我无意中见前两个人填上“中国矿大”四个字，我随便问了一句：“你们认识钱××教授吗？”那两人说：“那是我们俩的博士生导师！您？”我说：“我是他表弟！”待我填完表，我后面两位老同志问我：“我看您是××部队的，您认识××吗？”我说：“那是我战友哇！您二位？”“我们是他姨、姨夫。”就这么几分钟，就这么六个人，就登记这么个功夫，竟然两位是我表哥的学生，两位是我战友的姨、姨夫，全认识了。当晚我爱人做东请客，边喝酒边品黄河大鲤鱼，共庆“团聚”。无论过大河、过兴安岭，翻无人区……都是一连串、自然而然“巧合”的结果，而我们“顺应”了这个自然，“顺应”了这些“巧合”。搏击了一次！玩儿了一次心跳！可谓“功法自然”、“道法自然”、“尊重自然”、“顺其自然”。

B. 物质准备充分。有一位哲人说：“机会不是总有的，但机会一旦来了，你做好迎接机会的准备了吗？”这句话运用于自驾游很贴切。外出给自己定一个“什么等级”保险系数很重要！您什么都不准备，即使根河老司机给您介绍情况了，您敢穿越吗？当然不行！即使您当天临时抱佛脚去采买准备，就算准备齐了恐怕得下午了，第二天有雨，一个周期十天，穿越计划也泡汤了！而我们当时是储备了七天“战备粮水”，只差副油箱是空的，一加满立刻踏上征程。翻越无人区也是一样，我们一离西昌就进入了“最高等级保险系数”状态！连副油箱都加满了。随时准备应对任何不可预知的事件！有点儿向空军进入了一级战备状态——飞行员已进入座舱，只待一声令下飞机发动升空飞向指定战区……我们实际一直处于弓上弦、刀出鞘状态，当晚老板一席话就好比一声令下——凌晨3：00出发了，一分钟没有耽误，给养供七天，油箱活动半径800公里。“机会”来了您能不能“抓住”取决于您物质准备充分与否。

C. 情报准确。这是处理情况最核心的——“软件”。现代战争讲究“斩首行动”、“精确打击”，您没有准确情报，上哪儿“行动”？上哪儿“打击”去？我们一年前就瞄着根河至漠河，始终不敢贸然行动，就是缺乏情报、缺乏细节了解。我们从木里大寺下来不敢走“915小路”也是这个原因。古人云：“知己知彼，百战不殆。”不搞清楚情况不掌握细节就动，那叫“盲动”！情报准确再动，那叫“精确打击”。这是两个完全不同的概念和心理状态。所以外出嘴要甜、腿要勤，大妈、大婶、大爷、大哥；多问路、多打听、摸清路况。情报还包括天气，此三个例子都离不开天气预报，后半夜大雨涨水，促使我们当机立断过河；第二天有雨，促使我们当天穿越；当天的大晴天让我们信心十足凌晨出发。天气预报起到了主心骨的作用。

D. 高度重视，计划合理。三次行动都有危险性，尤其是第三次翻越无人区可以说有相当的危险！爬陡坡和过“老虎嘴”稍有不慎就会车毁人亡，这可是人命关天的大事，马虎不得，怠慢不得！这也是我们从凌晨2：30至晚上7点途中长达16个半小时只匆匆吃了个西红柿、胡萝卜的原因……我们俩自驾游有个习惯——“准时开饭”，不管是在大沙漠、大草原铺上毯子或支上小桌。但是那天一切都顾不上了，实际上已经处于一个“极度亢奋”状态了——人一生中这种状态是极少极少的。我们深知方圆几百里没人，您出了任何问题只能自己扛。把老虎嘴路修好了，平平安安开过去就是“活”！不认真，不抓紧时间修路车掉下去就是“死”！人生能有几次“搏”？那可是真正搏斗的时刻到来了！我们俩正是有了这种“极度亢奋”的状态，加上准确情报及四驱强大动力的好车才能冲破险阻。其中合理的计划也是必不可少的。我们把当天从天刚刚亮的早6点，到天擦黑的晚7点，这13个小时全部用到了275公里的“915林场小路上”，是关键的一步“好棋”。它保证最危险的路段在白天过，而且为修桥、铺路预留了时间……而后倒排计划把从桃巴到唐央120公里烂路安排在夜间行军，再怎么说它也是平路。否则我们6点出发，最后要有3个小时摸黑在原始密林山路上走，会增加多少危险？一个不周密的计划会使整个行动功亏一篑。这些搏击！这些心跳！是这辈子也忘不了的事情。这恐怕就是自驾游最具魅力的地方了！

E. 四轮驱动，从容应对。我们绝大多数自驾游朋友对车辆的“两驱”与“四驱”之间的差异是没有多少感性认识的。我也和大家一样，前三辆车都是两驱（前驱），第三辆车是SUV，排量2.4升，而且是235的宽胎，感觉有力量了，通过能力强。我的第四辆座驾是北京现代ix-35（SUV），给我留下强烈印象，四驱不同于两驱。那是在2011年11月份，黔东南、广西游的第3天和第23天。第3天从新塘镇到曾国藩故居48公里烂路，几乎全是泥塘，一个接一个，我开始真有些发怵，小心翼翼，但过泥塘时发现四驱非常从容，不紧不慢地拱将出来，当某一个轮有些打滑空转时，你能明显感受到另外三个轮子正在用力，车迅速从泥水里出来……后来我什么也不怕了，多大泥塘我都敢往里开，我知道四驱是泥塘的克星。第23天我们走小路去乐业天坑，在打听路时村民告诉我们前面的路汽车是上不去的，只有拖拉机能开上去。我一看坡度确实很大，试一把吧！没想到竟然慢悠悠开了上去，村民直鼓掌，此时我意识到，四驱车的通过能力和两驱不在一个层面上，差距很大。翻越无人区前交警大队长问，是两驱还是四驱？他说两驱是过不去的，这不是空穴来风，他是有实践根据的。我们走这一路更加领略了这句话的份量！从技术层面上来讲，四驱系统可以避免前驱车的“推头”现象，和后驱车的“甩尾”现象，在过弯、打滑、陷车、上坡等极端情况下，四驱系统可以帮助驾驶员顺利摆脱困境。根据中汽协最新数据，2012年前10个月SUV销量达160.41万辆，比去年增加27.30%。读者若考虑换车，是选一台两驱SUV呢？还是买一台预算略多一点的四驱SUV？我明确地告诉你：听老周的话，一定买台四驱的SUV！你多花的钱所换来的，是你想都想不到的超强通过能力及安全系数。四驱不费油！两年下来2.0排量、四驱，百公里8升油和两驱车相差很小，唯一不同是8万公里时四驱车差速器、分动箱、传动轴要更换一次黄油。

四驱车究竟是一个什么概念？我思索了很久，现在我通过实践可以说：“四驱车好似一个身怀绝技，看似平常的武林高手，布衣粗食和我们没什么两样！但一旦遇到突发情况，它身上潜藏的巨大攻击能力和防卫本领就迸发出来！令我们超乎想象，大吃一惊……”可以说你拥有一辆四驱车，就好比和一位武林高手结伴而行，关键时刻它会救你于水火之中。

两驱车好比第二代战机，而四驱车是第四代战机，有质的飞跃。

· 一波三折——一个“韧”字

自驾游爱好者除了要具备“忍”、“和光同尘”、“见机行事”、“遇事沉着”、“搏击精神”这些心理素质外，还应当有一种百折不挠的坚韧精神——即一个“韧”字。因为在自驾游活动中不但情况随时会变，而且有时会一变再变……所以我们心理上要有足够的耐心，有足够的“韧劲儿”来应付它。

“天无三日晴，地无三分平”，是古人形容贵州天气地貌的概括。有一次，在阴雨绵绵中我们在贵州行路。按图我们应当在前方小镇过江，快到时前面塞车了……一打听原来桥边有个加油站，由于柴油缺，所以等着加油的大货车排成长队，把路堵死了。而桥对面车过不来也把路堵死了。当地人说后半夜到凌晨可能疏通两三个小时。我们怕堵在里面动弹不得，赶紧后退了一段，经过一番打听，原来从镇外一小路绕过去，下游十多公里有桥可过。于是我们边打听边绕行，穿村走寨好不容易到了江边一看完了！因为桥是刚压断的，两岸密密麻麻站满了老百姓，正在观看打捞掉在江里的大货车……我们只好又回到了原地，就这么等到后半夜？我们不甘心……兵分两路逢人便问，又有消息了——原来上游40公里处有个小木桥可行。于是我们又燃起希望的火焰，兴冲冲而去，由于走的都是乡间小路，因此很费周折，一个村一个村打听着走，好不容易找到了那个村，一看又完了！原来这个木桥是村里自己集资建的。下游一塞车，一传两，两传三，一些车拐弯抹角都走这儿了，光走小轿车也可以，谁知大卡车也来了，农民怕把桥压塌不让过，结果打起来了，农民们一生气用大石头把桥封了。见此情景我们心彻底凉了，几个小时的折腾身心也疲惫不堪了，但是我们拿出“许三多”的精神，不抛弃、不放弃、不灰心、不丧气，进村逢人便问，嘴甜甜地逢人便叫大妈、大婶、大爷、大哥……恐怕我们的精神感动了人家，终于一位大哥给我们带路，从上游8公里处一个漫水坝过了江。我们要学习八路军做群众工作的精神，再精确的地图也没有农民对自己的家乡了解得清楚。

还有一次我们从塞罕坝返京。刚出景区大门几公里，两个超长大货车相撞，去丰宁的路断了。我们赶忙在地图上仔细寻找，绕行170公里，有个地方可通丰宁，于是我们穿村走小路绕来绕去，3个多小时总算到了那里，待我们正加油时，一位刚从那路上返回的司机讲路断了！原来昨夜一辆拉大件的货车爆胎，车翻在路中央……方圆二三百公里也没有能吊动大件的吊车，所以这路短时间通不了。我再次摊开地图找路，从此地走小路，向西南90公里有个小镇，那里有一条从土伦方向抵丰宁的公路，原来听说已施工两年翻修路面，加油站的工作人员讲已完工。待我们抵小镇已中午1点多了，黑油油的柏油路又宽又平，很多带红袖标的人严把各路口，只许小轿车驶入，卡车一律不放行，一打听这路直达丰宁全线贯通。我们立刻找了个小饭铺，锅贴小米粥大吃一顿，然后打着饱嗝上路了，一出镇路沿着一条大河一边靠着山直奔丰宁。路要多平有多平，车一辆没有，几十公里一开而过，路标显示再有5公里就抵丰宁了。只见前面有带红袖标的工人挥动小旗，停车一看，几台挖掘机把刚刚铺好的路面挖成了一个深沟……原来要铺煤气管道！一打听得知，此处无路可通，一边是山，一边是大河，无小路可绕行，只能返回小镇。这是一天之中我们第三次碰壁！回到小镇多方打听，结论只有一个，向西绕行土伦→赤城→白河堡水库→延庆，返京。当晚天黑抵赤城，早年康熙大帝陪孝庄太后专程来此泡温泉，我们索兴歪打正着干脆停下泡温泉了。

自驾游中一天碰上几鼻子灰不足为奇，既不要恼，也不要急。要认清形势，此事谁也无法左右，要拿出足够的耐心，足够的韧劲，百折不回，待山重水复疑无路时，说不定柳暗花明又一村了。

至此，让我们从头一起来回顾一下吧！我是个当过兵的人，总喜欢用打仗做比喻，在打仗前要做好几件事：

第一件，头等大事要练好驾驶技术——司机是个熟练工种。这是让您练好十八般武艺，准备上阵。

第二件，如何选择出行的目标和时间——实际上是帮您挑选制定战略目标，打哪儿？什么时候打最合适？

第三件，功课是非做不可的——教您制订详尽的战术作战计划。

第四件、第五件，爱护保养车，外出带什么东西——兵马未动，粮草先行，后勤准备。

第六件，心理准备——是战前的政治动员。

应当说，该准备的都准备好了，只待一声令下，立即出动。但是，出发前我想给您提个醒儿，我们进攻的目标中，有一个地方地形极为复杂，海拔极高，情况极为特殊，用常规的战法和思维方式是不行的，这个地方就是——西藏。

第七章

进藏

西藏地区在远古时期是一片汪洋大海。亿万年间由于印度洋板块与太平洋板块相互挤压引起了地壳上升，因此形成了世界上最高的青藏高原及世界第一高峰8848米的珠穆朗玛峰。我们曾三次进藏，有些经验与教训，提供朋友们参考。

· 开边境通行证

我们进藏如果只去拉萨、日喀则是不用开通行证的。但是如果您想去些边境口岸，如墨脱、亚东、樟木……或者要去珠峰大本营，去阿里地区等，那是必须要开具边境通行证的。上哪儿开呢？上您户籍所在地的公安局，带上户口本、身份证去办理。事先您一定要仔细察看一下地图，把要去的地方抄在一张纸上。到公安局填在表格里。填写了没去没关系，若表里没填写，届时边防检查站是不会放行的。据说在拉萨、日喀则可以补办，但您带着户口本到处跑恐怕不妥当，还是提前办好，心里踏实。边境通行证是每人一张，全车三四个人只开一张是行不通的。通行证是有日期限制的，从×月×日至×月×日过期作废，所以事先要把进出藏日期算计好。

· 高原反应

海拔每升高1000米温度下降6℃，而同时大气中的含氧量也在下降。科学测定，在海拔4000米的地方，空气中的含氧量只有海平面的1/2。但是这不是绝对的，同一个地区四季含氧量是不同的，同一地区同一季节因植被覆盖率差别，含氧量也不同，这是因为植物的光合作用所致，所以就西藏而言各个不同地区含氧量千差万别，千万别用一个模式去套。但总体讲我们都生活在低海拔地区，在氧气很丰富的地方生活，到了西藏氧气少了，机体组织很不适应，于是就产生了病理现象：呼吸困难，心跳加快，神志混乱、头痛 ……这就叫高原反应。这个反应过程是极其痛苦的，脑袋好像被人用锯子锯开一样疼痛之极，有痛不欲生之感，而且呈现一种活也活不了，死也死不成的状态。这个过程因人而异，有的人几个小时就挺过去了，有的人要一天，有的人甚至几天才适应过来。

不同的人开始有高原反应的海拔高度也不一样，有的人到了西宁，海拔2350米就有反应了。有的人到了青海湖，3030米才有反应，也有的人到了那曲，海拔4200米才有反应。这个高原反应和体质好坏没有直接的因果关系，千万别觉得您年轻、身体很棒就没事儿。在世界上最高的咸水湖纳木错（海拔4718米），我见到年轻的小伙子，脸色青绿，躺在车内吸氧，而一些瘦弱的老年人却若无其事地在湖边漫步……按道理藏族同胞应当没有高原反应了吧，其实也不尽然，我有一位中央民族大学的朋友来北京十几年了，有一年回家，在拉萨一下飞机就产生了高原反应，而且非常之严重，医生建议赶紧走，第二天坐头班飞机回到成都，到了低海拔的地方，三个小时全好了。自驾游朋友们千万不可轻视这个高原反应，严重的会转成肺水肿有生命之危。而且它有一个症状是神志混乱会酿成车祸！我们三次进藏，有两次都在路上亲眼看见由于高原反应，引起驾驶员神志混乱而造成的惨剧！神志不清的驾驶员开车自杀性地撞向对方……。

·醉氧

我们从低海拔到高海拔，由于身体缺氧一下无法适应，会产生高原反应。反过来，您从高海拔缺氧的地方一下子到低海拔氧气十分富足的地方，我们的身体一下子也无法适应，会产生“醉氧”的反应。因为氧气太多了，太丰富了，我们的机体“醉”倒了。这个“醉”字非常贴切！我们第二次进藏回来时走太快了，没注意缓冲，结果到了西宁就“醉氧”了。症状是浑身出虚汗，昏昏欲睡，走路头重脚轻，摇摇晃晃，与平时喝了半斤白酒的感觉一模一样。我们只有躺在旅馆里，昏昏沉沉两天才缓过劲儿来。我们第三次进藏险些“醉”在樟木。

去樟木前最后一个居民点是聂拉木，海拔5050米，樟木是1850米，而从聂拉木到樟木只有32公里，这段公路是全世界绝无仅有独一无二的。请您设想一下，32公里下降3200米是什么感觉？和飞机俯冲一模一样！因为距离太短了，下降的落差太大了！汽车沿着一个峡谷从喜玛拉雅山北坡的冰雪世界一下子扎到南坡亚热带密林，所有的植被都呈垂直状态分布在这短短的30公里内，令人震撼！好比从北极到云南西双版纳密林的植被给压缩成距离32公里，落差3200米这么个小范围里。从寸草不生的生命禁区，到地衣苔藓，灌木丛小树、大树到原始密林参天大树，飞泉瀑布花香鸟语……由不到1/2的含氧量一下子到100%的含氧量，太舒服了，我感觉好像吸半口气肺就满了。我们在樟木下榻的“嘛呢石宾馆”位置极佳，建在山坡上，推开窗可望到尼泊尔境内几十公里，视野开阔，整个儿樟木口岸尽收眼底。我们当即决定放假一周在这儿好好

去樟木的路

休息一下。街上一溜印度餐馆、尼泊尔餐馆、四川餐馆一家挨一家……街上夏尔巴人、尼伯尔人、印度人及各国游客，熙熙攘攘，而且这里有许多新鲜蔬菜、热带水果，我们买了很多，回到宾馆房间里边欣赏风光，边大吃起来……半夜忽然醒了，有一种说不出的异样感觉，我站在窗前望着远处尼伯尔境内的灯光，贪婪地吸吮着潮湿又带有花香的空气，我思索着这种感觉似乎有一种似曾相识的意境，忽然我明白了！——醉氧前兆！这感觉和当年刚到西宁当夜一样！结果第二天就开始醉氧了。我赶忙把我爱人叫醒，决定天亮撤退。因为醉两天后症状消失了，说明身体已经适应了高浓度氧气了，但是我们一旦回到聂拉木5050米又会不适应了，又得产生高原反应！要受大罪！这是我们极其不愿意的！天刚蒙蒙亮，街上一个人没有，我们就离开了樟木翻过喜玛拉雅山，赶回聂拉木了。

朋友！这就是西藏！它独一无二的地理条件，促使我们必须以独特的思维方式来对待它，否则您就会遭受到意想不到的磨难。

· 破解的方法

前两次进藏由于没有经验被“高原反应”及“醉氧”折腾得一塌糊涂。第三次进藏我们认真地总结了教训，又请了“高人”指点迷津，我们搞出了一套“土理论”、“土办法”，大胆进行了实验，获得了成功。在此，提供给朋友们参考。

用通俗话来讲就是——“别坐电梯，走楼梯”，上是这样，下也是这样，可谓慢上慢下。我们之所以会产生“高原反应及醉氧”，核心是机体一下子不适应，那么我们把“适应”的阶段延长，让机体慢慢适应，就抓住了问题的实质。潜水员从深海里上来得慢慢上，出水后还要在高压氧舱里适应过渡调整。宇航员发射升入太空起码要有48小时的适应调整机体时间，都是这个道理。我们总结最有效的适应方法是“慢慢上，上三步退一步……”。我们不坐电梯去八楼，是走楼梯上。但我们不是一鼓作气四天走上去，而是“几上几下”，第一天走到三楼回到二楼；第二天走到四楼回到三楼；第三天从三楼走到七楼回到四楼；第四天直达八楼。实践证明这种方法效果最佳，比稳稳当当四天一鼓作气走上八楼好。比如您走青藏线，先开车到西宁（2350米）玩儿两天，而后再到青海湖（3030米）玩儿两天，再到格尔木停两天（2850米）。从格尔木可用半天时间抵风火山（3850米），玩儿两小时回到格尔木，在格尔木再休息一天，然后再沿青藏线向拉萨前进。但光靠这方法还不行，还要吃药……。

吃什么药？“红景天、绿A螺旋藻”这两种药都是从植物中提炼出来的，功效是增强您的含氧能力，扩张您的微小血管……。一般进藏前一个月开始服用，开始剂量小些而后逐渐慢慢加量，服多少参考说明书自已掌握。成都华西大学医学院专门为国家登山队登珠峰研制的“红景天口服液”很棒，可托人在成都购买。我们第三次进藏把实验段选在了“西昌—巴塘”这段线路上，用了8天几上几下，机体适应结果大获成功。我们俩均在没有任何高原反应，没有任何痛苦的情况下，不知不觉地适应了缺氧的环境！而且耐缺氧能力极强！多次在5300米海拔高度上啥事儿没有。我们俩开玩笑说我们已经成了眼睛闪着绿光的高原狼了！

一个严谨的科研成果，必须在相同条件下重复实验几十次取得相同数据才算成功，我们这个“土办法”只进行了一次成功的实验，谨供您参考而已。

我们还有一个体会，对高原反应的适应，不会终身免疫。就是说您这次成功了，下次就不会有反应了，没那回事儿。这次是这次，下次是下次，您回到低海拔就回“零”了，待您再上高原一切从“零”开始，该反应照样反应。

· 进藏有哪几条路

六条路。新疆一条，青海两条，四川两条，云南一条。下面我们依次介绍：（1）新疆从喀什—叶城—翻界山达坂抵狮泉河（阿里地区首府—孔繁森生前工作的地方）叫新藏路。这条路最恐怖之处在于海拔6700米的界山达坂，新中国成立初期一百多名战士因高原反应牺牲在这里。（2）从青海格尔木进藏的路，称青藏路，青藏铁路几乎与其并行，我们暂且叫它青藏西路吧！此路海拔高，高度几乎经常在海拔4000米上下，甚至5000多米，但所有进藏路中属它路况最好，清一色柏油路，路平缓安全，85%的人选择走这条路进藏。（3）青藏东路。“西宁—玉树—类乌齐—昌都—邦达。”唐朝时期松赞干布迎娶文成公主走的就是这条路，玉树附近有文成公主庙，当年进藏时曾在此休整。此路由邦达又并到了川藏路上。（4）川藏北路，由四川“八美—道孚—

六条进藏路示意图

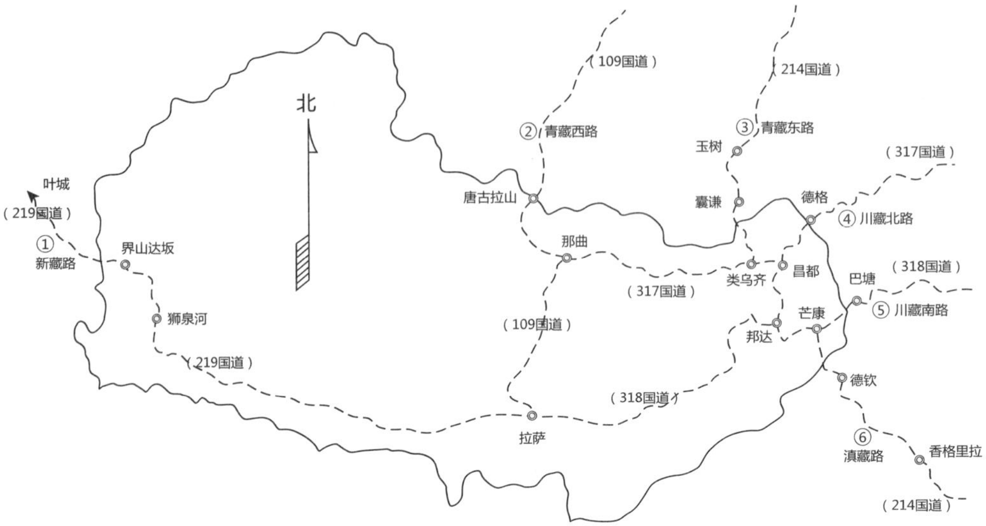

雀儿山—德格—昌都—邦达”并入川藏主路上。此路走的人较少。（5）川藏南路。从雅安“二郎山—泸定—康定—新都桥—理塘—巴塘”这条路应称川藏主路，因为几乎从东去拉萨朝圣、旅游、自驾游、步行的、骑自行车的、骑摩托车的，全走这条路。成都至拉萨，乘丰田大吉普包车的散客也走这里，每车4人，每人6000元（不包括食宿）。这条路上人车川流不息，是最热闹的一条路，也是进藏六条路中最危险的一条路。（6）滇藏路。从“迪庆藏族自治州—德钦—芒康—邦达”，并入川藏主路，这是从云南进入西藏唯一的一条公路——也是古代众多茶马古道中的一条。茶马古道是过去人们用马帮把云南的茶叶运入西藏、大西北的古驿道。我们不难看出青藏东路，川藏北路南路，滇藏路，这四条路都在邦达会合，然后沿然乌—林芝方向抵拉萨。大诗人李白曾叹道：“蜀道难，难于上青天！”但就今日中国960万平方公里而论，应当说：“川藏路难，难于上青天！”我们自驾游近20年深切感受到此路之艰险，地质灾害之频繁，川藏路在全国恐怕乃至全世界首屈一指。新中国成立60年了，国家倾注了极大的财力物力，川藏路一直在修，很多险段、极险段现已消失……但即便这样很多地方的险路还是超出了我们的想象。川藏路上有些临时的铁桥非常简陋，上面铺了两排木板，只许一辆小汽车顺着木板摇摇晃晃开过去。我问当地人为什么这么凑合，不修个像样的永久性的桥？当地人说过去修过一个很好的桥，国家花了很多钱，修了好几年，刚修好没半年一场洪水就给冲没了……以后年年修年年冲，只好就这么凑合了，无奈呀！川藏路也是一条极其脆弱的路，每年雨季必断无疑，泥石流、洪水频频发生，所有季节中只有五月是相对最安全的——雪水融化了，雨季还没有到来。

我和我爱人开玩笑谈及，如果自驾游爱好者有等级考试的话，从成都出发——走川藏南路，不限时间，您只要人车平安抵拉萨，授予博士学位。若人车平安抵珠峰大本营，授博士生导师称号。若再开到可可西里无人区转一圈，翻界山达坂抵喀什，授诺贝尔奖金！我的想法并非空穴来风——川藏路上，珠峰路上，可可西里……全面完整地涵盖了自驾游从车到人，方方面面所有的知识与技巧再加上勇气。

· 进藏开什么车好

这是一个很难回答的问题。西藏的路况千差万别，海拔高低差4000多米，条件太苛刻了，无论是人和车在这里都要经受最严格的考验。以不变应万变的情况来讲，车的标准是："大排量、高底盘、用油标准低。"所有汽车到了西藏功率都要打折扣，到了4000米高度一律减半，排量大还有一定力量，排量小能维持不熄火就不错了。进藏六条路，除青藏西路清一色柏油路外，其他路况都不好，川藏路有一半是土路，而其中有的路段路况很差，底盘低的轿车危险性极大（油管和刹车油管都在车底，碰断了就得趴窝），尤其从白坝到珠峰大本营的101公里"烂路"，一个大坑接一个大坑，底盘低的车是不好过的。除拉萨、日喀则其他地方不供应98#汽油，因此，我们内地专吃98#油的车主要事先考虑这个问题。办法有两个：一是多带副油箱，每辆车20升的副油箱起码带四个以上；二是降低用油标准改吃92#汽油，对此我表示极大忧虑，因为本来氧气不足，车辆就容易发生故障，再加上一下子降低标准，造成营养不够，简直是雪上加霜……恐怕故障率会成倍上升，这在西藏是万万不可取的！还是带副油箱保险。

从成都到拉萨的川藏路上，我估计起码有几百辆丰田大吉普在从事散客旅游业务，这些车排量起码都在3.5升、3.8升以上，大部份是4.5升、5.7升的四驱，宽胎、高高的底盘，吃90#油或92#油。它们常年在这条路上奔跑，选择这样的车型，恐怕是经过了长期实践考验的。

我个人认为进藏不宜开高档车，一来油料成问题，二来保养维修难，三是成本太高。中低档SUV或越野车（吃92#油）最合适，而且一定要四驱，车况一定要好。如果您的车在内地都三天两头出毛病、有故障，那可千万别开它进藏（西藏县级地区均有92#汽油）。

·什么时候进藏好

5月初，此时山口冰雪已融化，雨季未来，而且雪山顶部积雪大部分保存完好，蓝天白云。5月份几乎都是晴天，看珠峰拍照片都是最佳期。在定日县与聂拉木县交界处，有一段路大约海拔5200米左右，在那里全世界8000米左右的高峰能清晰地看见五座，极其壮观。而过了五月份，云遮雾罩很难再见到了，好不容易到了珠峰脚下，却看不到，这太让人伤心了。7、8月是西藏含氧最高的月份，但是大部分海拔低的雪山已融化了，从观赏性讲大打了折扣，若走川藏路，由于是雨季，洪水、泥石流等自然灾害频频发生，险象丛生，随时可能断路。

五月的西藏能见度最好

我建议：倘若您是第一次进藏，希望您把时间留得充裕些。4月15日从您的驻地出发，假如您打算走青藏路，那么您用十来天在西宁、青海湖、格尔木、风火山进行游览及体能训练，适应缺氧。假如您打算走川藏路，那么您用十来天在理塘、稻城亚丁，乡城进行游览及体能训练，适应缺氧环境。5月1日正式进藏。

· 查路条

一提起“查路条”，马上我们会联想到抗日战争时期“鸡毛信”里的海娃、小兵张嘎这些小英雄们，手持红缨枪站在村口查路条捉汉奸的故事。我要说西藏现在很多路段还在查路条，您恐怕会问：“难道捉汉奸吗？”当然不是了。这是西藏公路局继承革命老传统，发扬光大开创极具西藏特色的绝招儿！西藏地广人稀，很多路段三四百公里又宽又直，在无人区通过，司机超速行驶是家常便饭，因此事故层出不穷，翻车死人时有发生……怎么办？我们内地通常做法装摄像头，测车速，可西藏那么大地方得安装多少探头？于是人家就启用了成本最低的方法来治理超速。譬如：从甲地到乙地210公里，您中午12：00到甲地路口时凭驾照、行驶证去领路条，路条上注明了车牌号，而后在时间栏里填上过站时间，盖上章就可以走了。规定时速是70公里/小时，您下午3：00到了乙地，可以凭这个路条再领新的路条。您要是提前到了，对不起请交罚款！罚您的理由虽没有录相，但即简单又充分，甲乙两地210公里，规定时速是70公里/小时，应当三小时抵达，您提前抵达了，不是超速是什么？您晚到没关系，多晚都行！这招儿多绝呀！不但省了大批经费而且效果极佳，一路上我看到在检查站前几公里，总有车停在那里，司机下车吸烟休息，一看便知提前到了不敢交路条，只能等到规定时间。我想这个办法应当推广应用在全国高速路上。首先设计一个软件，在收费站领卡时，计算机就自动打上时间，不管您从前方哪个路口出高速，软件程序上有时间控制系统，您只要在规定时间前抵达，红灯亮交罚款，越早到罚款越多，若在规定时间后抵绿灯亮。这要比安装摄像头、监视器给国家省多少钱哪！如果把此技术告知每一位司机，大家心知肚明谁也不超速了。所以自驾游朋友在西藏最好中速行驶，按照规定时速来个定速巡航，CD里播放着悠远空灵的藏族民歌，欣赏着大自然的美景……可谓一举多得也。

· 进藏应注意些什么

一、动作要缓

这是在高海拔生活的第一要则。可以说一切从缓……从您躺在床上说起。

您睡醒觉先睁眼楞会神儿，过它两分钟，慢慢地起来，起床坐在床边也别动，再过一会慢慢从床边站起来。干脆您就学那舌头是身体三倍长的“变色龙”，走一步停三停的感觉就对了。为什么动作要缓？因为您的大脑本来就缺氧，您呆着不动还能勉强维持凑合着，动作一快一剧烈，氧供不上了刹那间脑子缺氧非出事儿不可！在那曲（海拔4200米），我见到一个年轻人从大客车上下来，跑了两步一头栽倒地上了……在日喀则扎什伦布寺（海拔4000米），我见一个游客下了车好像要抢个镜头快走了两步也一头栽倒在地了。这两个人可不是那种软绵绵倒地，而是直挺挺地向一面墙一样地倒地！很可怕！摔的满脸是血……惨不忍睹！这就是一瞬间脑缺氧，霎时失去知觉的特征。我们到了西藏切切不可从事什么体育活动。什么跑步、打羽毛球一切叫停。您能自理就“OK”了！我说的是一般规律，有的人天生就不怕缺氧那另当别论了。

二、饮食要节制，要戒烟戒酒

我们在低海拔地区生活，从来也没有想到吃食物和耗氧之间有什么关联，想吃什么吃什么，到了高海拔的地方，就那么点儿氧气，您可得掂量掂量喽！这点儿氧是供脑子用呢？还是供胃消化食物用呢？吃蔬菜水果耗氧少，而吃肉，胃在消化时要耗掉您大量的氧气，吸烟要耗氧，喝酒更是耗氧——酒喝下去人体要大量“酶”来分解酒精，而“酶”的生成要大量的氧。所以到了西藏，首先要把“嘴”管起来！以吃素为主！戒烟戒酒！而且吃饭以半饱为宜，因为吃饱了也耗氧多。朋友们会说了，人家藏民大块吃肉，大碗喝酒咋就啥事儿也没有呢？人跟人不能比呀！人家从小生下来就是在缺氧的环境中长大的，人家的身体摄氧能力超强。所以人家一高兴手舞足蹈，唱歌跳舞，喝酒吃肉啥事儿没有！您试试？那年在玉树参加赛马节（海拔4200米），一些内地记者看到藏民集体跳舞激动人心，当时头脑一发热也进去跳舞，没蹦哒两下子一头栽倒了……照相机也摔了个稀巴烂！不但人是这样，大牲畜也一样，过去进藏部队中有内蒙古骑兵，到了西藏马一撒欢儿跑了没多远，便一头栽倒在地，马死了……我第二次进藏遇到了老朋友，“他乡遇故知”一激动，喝了两口酒头疼了一夜！第三次进藏，在然乌遇到了几位北京自驾游的车友，越聊越热乎……晚餐时间到了，大家一起到餐厅，这些人数我年龄最大当然我来请客，摆了一桌。这回我接受了教训，表面上应酬，实际上酒一滴不沾，肉一口不吃，只吃素食。我再次强调，我所讲的清规戒律是针对大部分人，不适合少数人。我有一位同学，初中、高中同班彼此太了解了，他没受过高原训练，连高原也没上过，改革开放内地与西藏联系密切了，交流援建项目甚多。他去了，此同学瘦高个子，戴一副金丝眼镜文质彬彬，完全是学者风度，宴会上人家藏区领导频频敬酒，同去的人甭说喝酒，走路都打晃，而他竟然陪同喝了一斤白酒啥事儿没有！把藏区领导都整醉了……从此名声大振，凡赴藏代表团，他们单位以及同行中，团长领队非他莫属……他告诉我最多一次喝了一斤半，喝完头脑清醒、一切正常，回宾馆呼呼大睡头也不疼！这真神了！这是我所知的低海拔生活的人在高原上最能喝酒的人了。对此，我们“凡人”只能望“酒”兴叹了。

三、少洗澡，多喝水

我说“少”洗没说不洗，这个分寸您自己拿捏，一句话就是不能感冒！在西藏得感冒可是人命关天的大事!因为感冒会转成肺水肿，严重起来有生命之忧……。衣服要随时增减，羽绒服要备在身旁，因为高原上天气变化不是以时来计，它以分钟计甚至是“秒”计。有一次我们在一个山口停车照相，我支好三角架，让我爱人站位置，这时天气还好好的，待我按下快门走过去两人站在一起合影时，忽然一股刺骨的寒风夹着冰碴与雪花扑天盖地而来，相机延迟拍摄是10秒钟，也就是总计十几秒钟天气大变，速度之快令我们愕然失色。热了别捂着出汗，立刻要减衣服，冷了别挺着立刻加衣服，这是在西藏防止感冒的最有效办法。来这里不能太讲究，在巴塘，晚上我看见床上有些小黑点，我用手去捡，忽然这小黑点蹦起三尺高，此时我才明白原来是跳蚤，真是久违了！因为上次见到它是40年前在珍宝岛前线的地下工事里。于是我们取出随身带的“白花油”洒一些在床上，它们立刻消失得无影无踪了。西藏的小虫虫很可爱，它们从没有和药品接触过，无抗体非常敏感，用一点点小药就非常管用。澡要少洗可是水要多喝！海拔高气候干燥，到了西藏总有口干舌燥的感觉，所以必须多喝水。我们历次进藏，凡见集贸市场必要去买些新鲜的西红柿、黄瓜及水果。尤其是西红柿，每天要吃几个又解渴又补充维生素，耗氧又少，是个一举多得的好办法。

藏区许多地方有天然的温泉，有些就在路边冒着蒸汽……人家藏民脱了衣服就下去了，我斗争再三最后还是放弃了。原因是怕感冒，宁可保守点也别惹出麻烦来。拉萨“羊八井”有地热温泉，是室内的尽管去泡，是不会感冒的。倘若万一得了感冒，千万不要忍着、拖着，要日夜兼程将患者送至拉萨医院，因为那里条件好，救治经验非常丰富。或者直接送至拉萨贡嘎机场，乘飞机尽快离开高海拔，只要到了成都就什么也不怕了。

四、带些小糖果，备些零钱

我们自驾游会深入到藏区很偏辟的角落或村寨，最好随车备些糖果，果脯或小包装的食品以备用。有一次我们在山路上看见一个牵着马的小女孩正在放羊，她看见我们照像就好奇地站在路旁。我们停下车给她一些小包装食品，她点头谢谢后转身上马，向远处一顶帐篷策马而去。待我们慢慢顺着路盘旋而下时见，一匹马飞似地跑来，上面骑着两个小孩，原来姐姐把她小妹妹也带来了，面对这些大山深处的孩子，没有点儿小礼品送给她们会感到遗憾后悔的。施舍与被施舍，藏民认为是天经地义的事情，是一种美德。寺庙里有很多一排排的各色各样的人坐在那里等待施舍。所以事先一定要多备些零钱，一毛五毛纸币为宜，不给不合适，给多了我们也给不起，所以点到了为止。我三次进藏，在拉萨大昭寺下午5时总能见到一位藏族老奶奶带着食品来喂流浪狗，一到时间那些狗就聚集在那里等着她，待她来后都摇着尾巴用舌头舔她，她一个个抚摸着这些狗就像她孩子一样，我每次看了都很感动。这充分地展现了藏族人民的淳朴善良、人与大自然、人与动物和谐相处、天人合一的境界。

与两姐妹合影

五、夜间模式

西藏寺庙众多，对于在佛堂内摄影，一个寺一个规矩，有的干脆不许摄影，有的许摄影但不许用闪光灯，也有的寺庙交了钱随便摄影，随便用闪

夜间模式拍的效果很好

光灯。但绝大多数寺庙是不许用闪光灯的。他们认为闪光灯一闪会惊吓了佛爷。所以我们进了寺院一定要遵守人家的规矩。最好把相机设定在“夜间模式”上，这样灯就不会闪，以免招来不必要的麻烦……而实际上“夜间模式”上拍摄出来的效果，比用闪光灯还好。

六、遇到部队运输车队要停下来避让

我们无论走青藏路，还是川藏路，都会多次遇到常年奔波在这里的钢铁运输兵——“兰州军区”或“成都军区”汽车团，一上来就是几百辆军车。按照西藏自治区政府规定：“所有车辆一律停在路边避让，待汽车团通过后方可行驶”。我们自驾游朋友一定要做遵纪守法的模范，切切不可以抢行。川藏路很多路段是由武警部队来管理的，很多桥梁、隘口、险关都有武警哨卡，就是为了保证军用物资运输的畅通。停在路旁，以汽车团为背景拍几张照片还是很有纪念意义的，也是很难得的——几百辆军车蜿蜒曲折盘旋在山路上望不到头，这样壮观的背景哪里去找？

笔者与运输车队

· 去珠峰，见好就收

快到定日县有个岔路口，路标上显示：向前→希夏帮马峰→聂拉木→樟木。向右→7公里定日县。向左→101公里珠穆朗玛峰。这个岔路口有二十几家旅店、饭铺和一个加油站。这里就是去珠峰的集散地——白坝。从日喀则早上出发到这里一般是下午4、5点钟左右，珠峰自然保护区售票处也在这儿（按人算150元/人）。您千万别头脑一发热买了票就出发，百十公里一个来小时呗去珠峰喽……（您当天买票是对的，因为第二天早上9：00才上班卖票，可要耽误您的事了），因为这101公里路极烂，一路上大坑套小坑，小坑连大坑，全是"搓板路"，中途还要翻一座大山，甭说您个把小时到不了，三个个把小时都难说。我建议您买了票，找个旅馆，早点休息（检查车辆、轮胎、加满汽油），准备明天越野。还要关注一下天气预报（5月份几乎都是晴天，过了5月难说了）倘若天气好，我希望您早早出发，给自己预留出充足的时间做为机动。我们是早上5：30起床，天擦亮6：00准时出发了，101公里我们整整走了6个小时……因为路实在太糟糕，太难走了……途中有两个地方必须停留。一个是山口，那是拍照观珠峰最佳地点，那里有许多小贩卖化石。一个是边检站。查验边境通行证、身份证，我们于中午12：00抵绒布寺——它是世界上海拔最高的寺院（5300米）。从绒布寺向前走5公里是一个停车场，所有车辆到此一律停止前进。停车场四周都是当地夏尔巴人开的小店，卖化石、卖饭及住宿，一律是帐篷，4月底支上，9月份撤走。从这里买票25元/人，乘管委会的“依维柯”再前进8公里碎石路，抵达珠峰大本营，下车还要去边检站，查验边境通行证及身份证并逐一登记。而后，我们仰望面前矗立的世界第一高峰心潮澎湃，思绪万千……

此刻，我和我爱人心情都十分激动……因为抵达世界第一高峰脚下，目睹它的风彩，倾听它的呼吸是我们一生梦寐以求的一件大事！是我们近20年自驾游追逐的最高境界！特别是它独有的“珠峰旗云”让我们为之倾倒，为之迷醉……如果不是亲眼所见，我们始终不敢相信它是真的——晴空万里，无一丝云彩。偏偏在西风劲吹的珠峰东侧，火速抖动着一片白云！它就像一面大旗在那里呼啦啦地飘舞着……明明是万里晴空，这旗云从何而来？这始终是个谜……这也是世界上海拔8000米以上15座高峰中珠峰独有的一绝！它好像天下第一美女，站在世界最高处，头上飘舞一片白色的纱巾，高傲而充满自信地俯视着脚下的苍穹……下午2：30，我们回到了绒布寺。

我爱人提出当晚住在这里不走了，这真让我左右为难，住在珠峰脚下，明早目睹壮丽的珠峰日出，当然是一件值得纪念的好事。但其中有三个问题需要谨慎考虑：“取暖、缺氧、车子”。首先取暖问题：这里常年气温在零下5℃左右，听说夜里达零下十几至二十几度。此地有三处可住宿，停车场边夏尔巴人帐篷、绒布寺招待所、中国移动宾馆。夏尔巴人帐篷烧牛粪取暖，但在里面呆一会儿出来鼻子都是黑的，可想而知呆一夜恐怕人都熏黑了，余下两处都是无取暖设备，但有电，我车上有电热毯及小电暖气可用，听绒布寺喇嘛讲晚上这里电压极低，灯都黄乎乎的，电热毯热不起来。缺氧问题：5300米可不是开玩笑的事，通常4500米以上称为“生命禁区”，因为任何植物都不生长了。在5300米路过是一回事，而过夜是另外一回事。就好像去九寨沟、黄龙旅游，去黄龙路上要翻一座雪山垭口，4000米绝大部分游客都

雄伟的珠穆玛峰

没事儿，因只是路过或短暂停留，但当晚宿九寨沟只才2000多米一些游客会有高原反应。我们虽然路上曾几次冲击过5000米这个高度，但真在这里住一夜，谁也没把握会不会产生高原反应。最后车的问题是我最担忧的。一夜零下20℃低温加上5300米，明早车子能不能启动？这是我最害怕的事！一路上曾有过两次，在4300米左右过夜天亮很长时间车子启动不了……何况5300米呀！我和我爱人商讨，为了明早再看一眼珠峰要付出的三大风险，结论当然显而易见了。我们下午3：00开始回返，由于省去了山口边检站停留，用了5个小时于晚8点天擦黑回到岔路口白坝。

第二天天刚亮，见旅店老板背着拖绳开上丰田大吉普急匆匆要走，一打听原来珠峰那边传来信息，前天住在他这儿的四位客人昨夜留宿绒布寺，其中三位夜里高原反应严重，天亮又发现车趴窝动不了，求他火速救援。我和我爱人相对看了一眼，这回可算“蒙”上了！其实并不是“蒙”上了，“见好就收给自己留有余地”是自驾游爱好者应当永远遵循的法则。

·野牦牛

到了西藏我们到处能见到藏牦牛，它被人们称为“高原之舟”，因为它承载着藏族同胞生活的一切。它耐劳、耐高寒、耐饥饿，它是运输的工具，它是农耕的动力，它的毛可以制成毛毯，制成帐篷，它的肉、乳汁是藏民喜爱的食品，就连牛粪都是藏民的燃料，真可谓浑身是宝。难怪“牦牛”藏语叫“诺尔”，诺尔的意思是“宝贵财富”。它的的确确是藏族同胞的“宝贵财富”。

我们所见到的藏牦牛是藏族先民经过几千年把野牦牛驯化而成的。野牦牛比藏牦牛体型更加高大，有力气，它们大多生活在4000至5000米的高寒地区，是国家一类野生保护动物。每年8月份是牦牛发情和交配季节，常常有野牦牛到藏牦牛群里寻求配偶。我有一位在西藏生活多年的朋友告诉我，他曾见过藏牦牛为了捍卫自己的领地与野牦牛的对抗，两三个回合下来便被顶得望风而逃，根本不是人家的对手。雄性野牦牛8月份脾气会很暴躁。曾经有位司机8月份在公路上见到野牦牛就按喇叭，用大灯晃来驱赶野牦牛，没想惹火了人家，野牦牛一生气把卡车拱起一尺多高……这要是咱轿车早就拱翻了。我前两次进藏都是7、8月份，万幸没碰见野牦牛。我在这里给您提个醒儿，您若是8月份进藏，脑子里要多根弦儿，万一碰见野牦牛赶紧退避三舍。一句话这家伙咱可惹不起！因为人家找不到配偶正在火头儿上哪!

·险段、秘境

从格尔木至拉萨的青藏西路，优点是路平缓，路况好，但缺点是普遍海拔高，中途要翻越5280米的昆仑山口。而且不论是上行还是下行，中途都必须在沱沱河附近留宿（即长江源头），可这里海拔4500米许。当夜产生高原反应的机率极高，我希望初次上高原的朋友在格尔木买它一袋氧气带上，以防万一，夜里实在头疼得厉害，吸一吸氧气缓解一下。

从理塘→巴塘→芒康→邦达→林芝→拉萨的川藏主路，起伏极大，险象丛生。新中国成立60年修路大军几乎年年都战斗在这里，应当说路况已经大大改善了，如著名的七十二拐险段已经被改造成十八拐了。但是三江并流地区是地质灾害最频发的地区，人的力量再大在自然面前也是很渺小的，所以很多险段在相当长的一段时间内是无法消除的。再加之沿途一些水电项目上马，把本来就很差的路段搞得一塌糊涂，更加难以通行……我们打算走川藏路的朋友对这一点必须有足够的认识：必须做好物质与精神准备。我想重点谈谈“通麦天险”。通麦位于林芝与波密之间，是川藏主路东西的一个分界点，这里有一座小桥由武警把守，只允许小轿车、小皮卡通行（军车除外），小桥两边有货场，卡车可把货卸下然后由人工或小皮卡一点点运过去。小桥西侧的路是修在崖壁间的小路，窄的只能容一辆车通行，下面是奔腾汹涌的江水。要是对面有车来，只能其中之一向后退……很像“老虎嘴”。2000年4月9日泥石流把上游一个大支流堵塞形成了堰塞湖，工兵原来准备炸坝疏水，但还没来得及行动堰塞湖崩塌了……几十米高的水头倾泻而下，通麦遭受巨大损失……我曾仔细观察了这里的地形，唯一出路打隧道，但是在高原上打隧道是一件极难之事。保守估计通麦在一二十年间很难有大的改进。从然乌湖流出的额贡藏布江由东向西，与一条由北向南大支流在这里汇合后流入雅鲁藏布江。由通麦向西走十几公里崖壁小路后，有一个小居民点，有七八户藏民，家家都开小旅店，非常简陋，一间大木板房里有一二十张床。这里就是步行去雅鲁藏布江大拐弯唯一的一条小路的路口——穿越驴友们的集散地——排龙104道班。

我们自驾游的朋友可以把车停在这里，稍事休整然后雇当地导游步行进入原始密林，去雅鲁藏布江大峡谷，据说往返一趟约十天许……这条驴友穿越的线路在中国境内可谓三个第一：“最美、最神秘、最具挑战性”。在世界上，被许多探险家公认——“人类最后的秘境”。走进去您可以见到：中国十大最美的山峰的第一名南迦巴瓦峰（海拔7756米）；世界上最深的大峡谷，位于南迦巴瓦峰与加拉白垒峰（海拔7234米）之间，深达5382米的雅鲁藏布江大峡谷。（美国科罗拉多大峡谷深2133米，秘鲁科尔卡大峡谷深3200米，与雅鲁藏布江大峡谷根本不在一个层面上）；1000立方米/秒流量，18米/秒流速，奔腾咆哮的雅鲁藏布江，它在496公里峡谷河段上落差达2725米，堪称世界之最了。要去墨脱的驴友们把车停在波密，而后步行前行，来往一次需七八天，我听说隧道已打通，只允许步行者，车辆通过尚需时间。川藏主路在快到林芝前要翻越一个色季拉山口，这里有观景台，朋友们一定要停车从这里向东方望去，如果天气好可以清晰地看到中国最美的山峰，南迦巴瓦峰。它那非常规则的园椎体山顶与众不同直插蓝天。同时这里也是当地藏族同胞遥拜这座神山的地方，几千条雪白的哈达被藏民抛挂在松树上，随风飘舞着十分壮观。

· 拉萨

一、塞车了

我第一次进藏与第三次时隔12年。这12年中西藏发生了翻天覆地的变化！12年前拉萨大街上没几辆汽车。如今在上下班时拉萨大街，主要街道与路口竟然塞车了。您想进拉萨或您想离开拉萨或您想看看市容，我希望您算计好时间一定要错开高峰，否则把您塞在那里动弹不得。拉萨的市场非常繁荣，物资供应极为丰富。我感觉比北京、上海、广州这些大城市有过之而无不及，我们的超市买完东西要自己花钱买塑料袋，拉萨的超市免费提供布提袋！对于我们自驾游朋友们无论进藏或出藏，我都希望您把拉萨做为后勤或休整的基地。由于地处高原我们在沿途会经常吃夹生饭，面条成了一锅浆糊，馒头是粘的不熟。而拉萨超市提供的野外食品，种类格外的丰富，特别是自动加热的食品。比如：15元一份的鱼香肉丝米饭，食前只要在指定地方撕开一个小口加入少许凉水，20分钟后一份热气腾腾的饭菜就好了！太适合我们自驾游朋友野外就餐了。

二、三大转经圈

我第一次进藏，在拉萨的大昭寺就汇入了转经的人流中——人们顺时针围大昭寺的外墙，沿八角街边走边转动着手中的转经筒，另一支手掐数着佛珠，口中念念有词……第二次进藏来拉萨发现围着布达拉宫又出现了一个转经的人流——人们顺时针围着布达拉宫外墙、转经、磕长头……第三次进藏令我们吃惊的是第三个转经圈出现了！它把前两个转经圈都囊括其中了，我估计这个转经圈要途径拉萨市1/4的大街小巷，所以拉萨市要动用一些警力来维护交通秩序。有些街口5分钟或10分钟，停止交通专门让转经磕长头的人流经过。我活了一辈子，这种场面没见过，真是令人震憾！

转经是藏传佛教信仰内涵的核心。我个人认为藏族同胞对宇宙、对大自然的认识是我们这个星球的人类中最准确、最超前的。他们认为世间万物一切都在转动，周而复始。这和美国哈佛太空望远镜观察到的我们宇宙的现状一模一样。宇宙中所有的星系都在转动，在转动中老的星系毁灭了，而新的星系又出现了，周而复始……他们的“天葬”、“水葬”也是我们人类在生死关认知上的最高境界——最彻底的唯物主义，来自于天地回归于天地。

转经与塞车充分说明了现在的拉萨是一个既传统又现代的高原城市。

三、大昭寺是核心

我们三次进藏在拉萨都下榻步行去大昭寺只有十分钟的军区招待所。大昭寺位于布达拉宫东南方“三站地”位置上，应当说这里是藏文化底蕴最丰厚的地方，大昭寺有1350年的历史，寺内以供奉一尊佛祖释迦摩尼12岁时的等身像而享誉海内外，应当说先有大昭寺后有拉萨城。周边的八角街是拉萨最古老的街区，这里商店林立，卖土特产的摊位一户挨一户，磕长头的虔诚教徒摩肩接踵，颂经声不绝于耳，香烟缭绕……俨然是一方佛国净土。我建议自驾游朋友最好入住在大昭寺附近，以便能最直接触摸藏文化的脉搏。

西藏是一片神奇的土地，藏民族是一个伟大的民族。先前北京有一位著名女歌手，因遇到挫折，曾想离开人世，但来到了西藏，这里纯洁的山水给了她灵感，重新燃起她生活的信心，她不但唱响了一首享誉全国的藏族歌曲，而且还皈依了佛门。我希望自驾游朋友们走进西藏来感悟人生吧！

进藏，是一种境界！进藏，是一种缘份！

第八章

四次远程自驾游

下面将我们四次远程自驾游的日程及每天的开支介绍给您，请您掌握这项活动的路线及经济投入的一手资料。希望您打开相应的地图，边读边对照。它可以增加您的兴趣，为您今后出游前做功课留下比较准确的参考数据。

· 漠河行

时间：2006年8月22日—9月7日

第一天：下午2：00从北京出发，3：40抵河北鸡鸣驿，4：40抵张家口。下午6：00抵张北入住天牧公司招待所。出发时北京热得汗流浃背，晚上在张家口寒风阵阵，冻得我们穿上了羽绒服。过路费85元，油费220元，餐费48元，住宿100元，全天开支453元，行程236公里。四小时车程，从穿背心到换上羽绒服，海拔纬度的变化引起温差展示得淋漓尽致。

第二天：早7：30发车，9：20抵太仆寺旗，10：00抵哈毕日嘎，10：50桑根达来，12：00野餐，下午1：40抵锡盟，4：00抵西乌珠旗入住迎宾饭店。过路费50元，油费130元，餐费10元，住宿费50元，购物550元（买了些蒙族手工艺品及蒙语的CD），全天开支791元，行程531公里。

草原上野餐是一件非常爽的事，支上小桌，开个罐头，沏杯咖啡或浓汤，举目四望，浩瀚大草原一望无际，把汽车音响打开，听着用蒙古语吟唱的蒙族歌曲真是一种享受……

第三天：早餐。蒙族奶茶、肉包子很香。8：00发车，9：40抵东乌珠旗后进入了没有路标的土路，只能边打听边走。中午在额仁高毕苏木附近野餐，下午3：00抵宝格达山林场，紧贴着边境线走，5：30抵五岔沟，走上了柏油路，风景优美。6：30抵阿尔山市，下榻神泉宾馆。过路费10元，油费270元，餐费26元，住宿310元，全天开支622元，行程586公里。当晚泡温泉。

从北京出发的第三天抵第一个目的地阿尔山，行程1350公里。

第四天：阿尔山市其实就是个温泉镇，由众多温泉宾馆组成，山清水秀，风景极佳。上午9：00赴天池景区，一路风光无限，美不胜收。午餐后决定在景区内兴安度假村住下，下午游杜鹃湖，湖边有许多微型火山口，最小的像个小煤球炉子，很有意思。餐饮46元，门票行车210元，住宿220元，全天开支476元。

第五天：上午游天池，这是景区最大最美的一个火山口，游后告别景区，经伊尔施镇赴新巴尔虎左旗游甘珠尔寺。历史上著名的诺门罕战役就在附近打响，至今日本关东军留下的工事比比皆是。晚抵呼伦湖边的新巴尔虎右旗，下榻香格里拉大饭店。晚上蚊虫很多。油费210元，餐费75元，住宿费80元，门票40元，购物100元，全天开支505元，行程531公里。

第六天：上午在呼伦湖金海岸游览、吃鱼，下午赴满洲里，途中天气大变突降大雪，在风雪中游满洲里，后赴陈巴尔虎旗下榻，夜里大风呼啸、寒气逼人，一天中由盛夏变成严冬，着实很吓人——由T恤衫短裤直接穿上了羽绒衣裤，这可是八月份哪！晚上随车带的电暖气、电热毯全用上了。过路费5元，油费180元，餐费141元，住宿50元，全天开支376元，行程338公里。

第七天：早，检查车辆，发现左前胎被扎，去呼伦贝尔市补胎后，被路标误导，南辕北辙地跑到牙克石，白跑了130公里路，下午2：40抵额尔古纳，6：00抵根河，一路风景如画，是中国境内最美的路段之一。美就美在路一直沿着额尔古纳河向北，河水清得捧起来就可以喝，两岸山丘起伏长满青松翠柏，简直好似一个童话世界。路上几乎没有什么车辆，静悄悄的，让你完全沉浸在如诗如画的意境中。

晚下榻根河税务局招待所，条件好，干净便宜。过路费55元，油费205元，餐费141元，住宿60元，购物180元，全天开支514元，行程461公里。北京至根河2652公里。

第八天：这是极具戏剧性的一天，也是此行最艰苦的一天。一早下楼偶遇税务局老司机改变了一切。此内容前面已有详细介绍了。下午6：00抵漠河县城，下榻漠河宾馆。油费98元，餐费60元，住宿费240元，全天开支398元，行

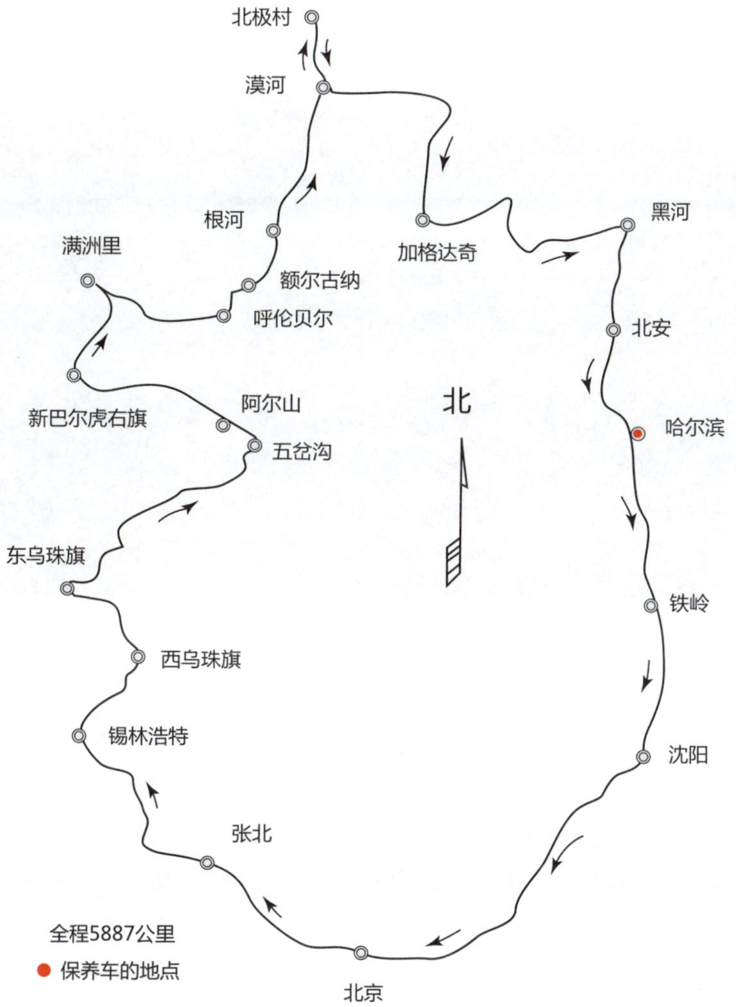

“漠河行”示意图

程328公里。北京到漠河2980公里。

第九天：上午逛完县城后赴北面88公里外的北极村，原计划去洛古河，胭脂沟，因路太烂而放弃。北极村非常优美。在黑龙江边有一个景点，它是中国版图纬度最靠北的地方——称中国最北点，这也是我们此行折返点。我们在那里摄影留念。晚留宿八号家庭旅馆（全村农家乐都编了号，招牌一律按编号）。油费150元，餐费124元，住宿费100元，全天总开支374元，行程88公

在额尔古纳

里，北京至北极村3066公里。

第十天：全天折返，沿加漠公路南下，下午6：00抵加格达奇。这是以铁路和木材加工闻名的城市，城内不是铁路机关便是木材加工厂。下榻加铁招待所，今天花80元，竟然住进了一个大套间，有客厅，卧室，大卫生间，完全是俄式的，这是我们自驾游以来绝无仅有的一次，太舒服了！过路费100元，油费50元，餐费21元，住宿80元，全天开支251元，行程621公里。

第十一天：今天第二次穿越大兴安岭，详情书中前面作了介绍。沿卧都河→大治林场→七二七林场抵黑河。一路好似拉力赛，人车都成了土蛋蛋。晚抵黑河，下榻爱辉宾馆。油费260元，餐饮49元，住宿140元，全天开支449元，行程350公里，晚逛夜景。

第十二天：上午游江边景区，大黑河岛的中俄商贸城，里面东西又好又便宜，尤其是鱼子酱我们很爱吃，于是大大采购了一番。中午在小乌力斯渔村专门品尝了黑龙江里野生鱼七里浮子，而后又参观了两个纪念馆。3：00赴北安，5：30下榻距北安20公里的山口湖景区渡假村。过路费60元，油90元，餐饮140元，住宿100元，门票120元，购物1185元，全天开支1695元（是外出花

钱最多的一天，采购了大批鱼子酱）

第十三天：夜降温下雨，上午雨中车行抵哈尔滨，午餐后直赴机场路10号的4S店保养车（这是出发前做功课时计算好，并提前打好电话的），4：30下榻市中心的士大酒店。晚步行中央大街，吃中国第一家百年西餐厅——塔道斯百年老店（这也是做功课时就锁定的目标），果然名不虚传，老房子，老店，老陈设，招牌菜，令人难忘。两道菜（名菜）加酒水才80多元。过路费77元，油费150元，餐饮111元，住宿100元，保养车165元，购物50元，全天开支653元。

第十四天：上午逛秋林大街，中午专程去黄河路吃得莫利炖鱼——那里最正宗，是得莫利传统世家开的，下午逛江边，吃老边饺子，晚上看二人转（二人转是东北特色不可不看）。餐饮157元，住宿100元，二人转票60元，购物247元，全天开支664元。

第十五天：早8：00出发，午抵长春，下午3：30抵铁岭入住党校招待所。此行是专程来看二人转的，铁岭是赵本山老家，二人转发祥地。车一进铁岭市，迎面市公安局一个大欢迎招牌上写着（大意）：欢迎外地朋友来铁岭，因路况不熟，犯点小交规一律不处罚，尽管放心玩。看后颇感温暖亲切。晚看二人转，果然水平高，乐得我下巴都酸了。过路费187元，油费250元，餐饮54元，住宿100元，二人转60元，全天开支661元。

今天找住处费了很大周折，在市内转了十几家都不满意，质次价高。后来转到郊区市委党校、终于找到了满意的地方。党校招待所非常高档，干净，安静。如此条件在市内恐怕得400元，而这里只100元，而且还可以在学校食堂就餐（又便宜又好）。我们有车不怕多转些地方，郊区一般都比市区便宜很多，这是个规律，条件又好又省钱何乐而不为呢？望大家参考。

第十六天：一小时抵沈阳，先去刘老根儿大剧场买二人转票（很抢手，亏了去得早，再晚一会儿就没了）。而后下榻剧场旁边的熙伦大酒店，午餐吃李连贵大饼，下午逛街，晚餐吃老边饺子百年老店，晚上看顶级二人转——由赵本山团队演出，一流阵容，水平极高。过路费15元，餐饮188元，住宿180元，二人转门票300元，购物285元，全天开支876元。

第十七天：夜再次降温，下雨，虽九月初我们已穿上羽绒服、冲锋裤了（里面绒的）。上午游世界园艺博览会。下午1：00开始回京，6：00抵山海关，8：00香河，晚10：00抵家。过路费270元，油费345元，餐饮50元，门票

120元，购物700元（世博园购物）。全天开支1485元，行程665公里。

此行17天，总行程5887公里，总开支11042元。

其中过路费913元（占总开支8%）；汽油费2610元（占总开支23%），用油509.42升；餐饮费1114元（占总开支10%）；住宿费2010元（占总开支20%）；门票、二人转票共1075元（占总开支10%）；购物3297元（占总开支29%），平均每天649元（2人），324元/1人。

·敦煌行

时间：2009年7月16日——8月12日

第一天：6点发车，8：40抵张家口，中午抵呼和浩特，下午2：00抵包头，5：00抵巴彦淖尔，下榻渔政宾馆。在找宾馆过程中由于不熟悉路，被罚50元，想起来这要在铁岭市是不会罚的……哎！全国这种地方太少啦！住宿100元，过路费355元，油费450元，餐饮44元，罚款50元，全天开支999元，行程905公里。

第二天：昨天很累，今9：00发车，从巴彦淖尔到银川一路呈大下坡趋势。中午抵沙湖游览，天气炎热。下午6：00抵西部影视城路口，下榻宾馆，晚餐后洗车、逛街。住宿100元，过路费102元，油费220元，餐饮152元，沙湖门票150元（两人），全天开支724元。

第三天：上午游西部影视城而后赴西夏王陵，午餐后赴中卫，4：30抵高庙，下榻市区强氏宾馆。晚餐后广场乘凉。今天是自驾游以来似乎遇到最热的一天，气温高达35度，高温行车，人与车都受到考验。住宿70元，过路费56元，油费270元，餐饮94元，门票210元，购物100元，全天开支750元。

从北京至中卫1584公里。

第四天：从中卫至武威，如果走兰州要绕行三天，了解到从腾格里沙漠修了一条路直插而过，虽没完工但可通行，我们决计穿行，途中遇极端天气竟然大雪纷飞，由短裤背心直接换上了羽绒服。中午抵武威游览完雷台汉墓后，吃着西瓜上高速，直赴张掖，晚抵，下榻粮贸宾馆。晚逛街吃小吃，张掖明显凉快许多，一天之中历经两次高温、低温。住宿80元，过路费110元，油费170元，餐饮24元，门票71元，被罚款200元，全天开支634元。虽然进城又被罚款，但由于走了弓弦路，节省了两天时间，从总体上还是节省了千元。

嘉峪关

第五天：张掖古称甘州，上午参观有1400年历史、长34米的亚洲第一大卧佛。想当年，马可·波罗就是为了它在这里流连忘返。午发车赴酒泉，嘉峪关一游。嘉峪关在酒泉西郊是明长城的起点。而汉唐长城起点远在西北方几百公里外的玉门关、阳关。明朝的国策是个收缩的国策。嘉峪关很壮观，远望去真有“一片孤城万仞山”的感觉……而后走高速，马不停蹄赴安西城，晚7：30抵达，吃完拉面，下榻安西唯一三星级良友宾馆。住宿120元，过路费156元，油费310元，餐饮费20元（午餐野餐，晚餐一人一碗拉面20元）门票71元，购物63元，全天开支740元，北京至安西2692公里。

第六天：早9：00出车，11：00抵敦煌，参观博物馆，下午游月牙泉、鸣沙山。后找4S店做保养（这是做功课时就策划好的），晚小吃城，晚餐后下榻临夏招待所。住宿60元，油费150元，餐饮176元，门票120元，保养汽车310元，全天开支807元。敦煌是个旅游胜地，七月下旬又是旺季，因此房价居高不下，没三四百元下不来，我们开车跑了很多地方，最后在城边偏僻的地方找到了一个小招待所，标间60元，后院有一个大停车场，很满意。今天为汽车做了保养，为后面行程提供了保障。

北京到敦煌2853公里。

第七天：上午游莫高窟，虽然我曾来过两次，而且在北京还看过敦煌大展，但今天还是被它精美绝伦的艺术感染力所震撼！中午太热了，午休后下午游鸠摩罗什的白马塔，沙州古城，晚餐后逛街。住宿60元，过路费10元，餐饮176元，门票270元，购物250元，全天开支736元。

第八天：7：00发车，9：00抵玉门关，游汉长城及河仓古城。午抵阳关。唐诗中描写玉门关、阳关的诗太多了。尤其是王维的那首：“渭城朝雨浥轻尘，客舍青青柳色新。劝君更尽一杯酒，西出阳关无故人。”更是千古绝唱。我们站在阳关望着那面前茫茫大漠，凄凉悲伤之感油然而生……午餐后赴阿克

月牙泉

天下黄河贵德清

烽火台

塞，下午4：00抵，下榻民政宾馆。住宿60元，油费150元，餐费24元，门票200元，购物65元，全天开支499元，至此，第一阶段结束，开始第二阶段旅游。

第九天：全天10余小时行车，翻越了当金山、客客山、铁石观三座大山，途径青海与甘肃交界大柴旦无人区，荒凉之极……行车450公里抵格尔木。入住小旅店。晚气温骤降，寒风阵阵，一下变成冬季！住宿40元，过路费15元，汽油费235元，餐费65元，全天开支355元。

第十天：昨夜被冻醒，连夜从车上取电热毯。早发现车胎被扎，决定在格尔木休息一天。上午补胎，下午逛街。晚天寒地冻，自己煮西红柿、鸡蛋挂面吃。住宿费40元，餐费28元，补胎35元，全天开支103元，这是此行开支最少的一天。

第十一天：早7：00发车，9：00抵诺木洪，午抵都兰，下午3：30抵茶卡，5：00抵黑马河，晚6：30抵鸟岛。全天行车500公里。这里海拔3030米，虽值盛夏但寒风刺骨，冻手冻脚，我们全部冬装都穿上了。青海湖每年一度自行车赛刚结束，这里房价居高不下，住宿200元，过路费2元，油费120元，全

天开支315元（中午野餐，晚自己开火做饭吃罐头，所以无餐饮费）。

第十二天：早寒风刺骨，上午游鸟岛，午赴西宁，下午4：00抵，下榻水利宾馆，晚逛水井巷。海拔下降了一千多米温度也上来了，由初冬回到了初秋。到此第二阶段圆满结束。住宿128元，过路费30元，油费120元，餐饮124元，鸟岛门票二人140元，购物40元，全天开支581元。

第十三天：早8：00发车，10：30抵海拔3820米的拉鸡山口，午抵贵德，下榻黄河边上新建成的黄河宾馆，它座落在湿地中央，环境优美，空气新鲜……下午开车沿黄河边漫游。贵德有“天下黄河贵德清”之称。晚自已做饭。住宿140元，过路费15元，油费100元，餐饮34元，全天开支289元。

第十四天：上午在湿地公园漫步游览，午餐后赴坎布拉国家公园。下午5：30下榻李家峡水电站宾馆。晚上自己做饭。住宿120元，汽油85元，餐饮100元，全天开支305元。

第十五天：夜降雨降温，上午在雨中游“坎布拉”，方式是把车停在景区门口，买票入内乘景区里的中巴、电瓶车及游艇的接力完成景区内环游览。游得很不爽，一则雨大，二则司机为了省事该停的景点不停一闪而过，稀里马虎就这么转了一圈，很可惜也很“无奈”……李家峡水库很壮观，水深达300多米，浩瀚的水面像大海一样。下午4：30抵同仁，下榻民政宾馆。同仁被称为“唐卡之乡”，这里有许多传授绘制唐卡的学校，有许多绘制唐卡的世家，也是藏毯的著名产地。我们上街大大采购了一番，买了三块藏毯、一幅唐卡和其他小物件。晚餐和两位骑车到此的北京驴友聊了起来……。住宿80元，餐饮28元，门票249元，购物1081元，全天开支1438元。（中午野餐）。

第十六天：早8：00发车，原计划从同仁绕循化、临夏，但途中发现了一条地图上没有的小路，从双棚西至瓜什则向西穿过无人区经甘加即可达夏河，省270多公里路程。上午11：00抵夏河，午餐后游拉布楞寺，它是藏传佛教五大寺庙之一（哲蚌寺、色拉寺、大昭寺、塔儿寺、拉布楞寺），下午走213国道经合作市、碌曲，晚抵郎木寺，下榻郎木寺院宾馆。晚餐后逛街颇感痛心，镇内缺乏统筹考虑私搭乱建、垃圾遍地，污水横流，这么美丽的地方弄成这个样子，真让人痛心疾首。今天第三阶段行程结束。住宿100元，过路费46元，油费160元，餐饮52元，门票80元，全天开支438元。

第十七天：这是从天堂到地狱，终生难忘的一天。早出发穿过一个隧道，便从甘肃进入了四川，呈现眼前是一望无际的若尔盖大草原，八月正是格桑花盛开的季节，一片金黄，美不胜收。午餐后抵黄河九曲十八弯，登高望去，黄河摆动着身躯像一条巨龙伸延至天际，无限风光，令人陶醉……野餐后沿国道南下，望着草原上百万只羊群的壮观场面禁不住想放声歌唱。但危机悄悄地不知不觉降临了……原来所有的加油站都没有油了。经多方打听情况严峻：前几天大雨，汶川塌方断路，加油车过不来，方园三四百公里全部断油！而我们车内油箱只能够七八十公里了，是跑不出断油区域的，这如何是好？正在焦虑之际，从过路大卡车又获得了个珍贵的信息："阿坝州首府马尔康还有少量90#汽油，今晚赶去或许还有，明天就难说了。"这时天已快黑了，我仔细查看了地图，我们的位置在刷金寺的北面，距马尔康约75公里。我们讨论两种选择：A，到刷金寺住下，什么时候有油什么时候走。B. 赶到马尔康抢90#汽油。A方案很安全但被动，等七八天是它，等半个月也是它。B方案有风险，因为从刷金寺到马尔康要走梭磨大峡谷，对自驾游来讲走夜路而且走峡谷是不妥当的。但是一但到了马尔康加了油，我们的活动半径就是600公里，就可以冲出断油

黄河九曲十八弯

区，主动权回到我们手中。我们一致选择了B方案，用我们仅有的一点油抢个主动权。开始路还好，后来柏油路变成了土路，雨越下越大，土路变成烂泥坑路，而且由于塌方，路越来越窄，可谓险象丛生。但此时我们已经没有退路，因为剩余这点油都不够退回刷金寺。与其趴在回头路上还不如冲到马尔康。就这样在滂沱大雨中，在随时有可能塌方，随时有可能陷入烂泥塘中，在一面是断崖一面是波涛汹涌的梭磨河的狭窄山路上，瞪圆双眼，屏住呼吸用全部注意力精心驾驶着爱车冲进了马尔康。我立刻打探哪里有油，得知全马尔康只有一个有油的加油站的方位后，在暴雨中冲过去排上了队。这时我才松了口气，浑身松软了下来。雨渐小了，排了近两小时，终于给油箱加满了56升90#汽油（经排队人协议只允许加满主油箱，副油箱不许加）。夜10点，下榻林业局招待所，洗了个热水澡，太舒服了。住宿100元，过路20元，油费394元，餐饮83元，门票88元，全天开支685元。

第十八天：凌晨又下起大雨，电闪雷鸣，我总有一种不安全感，我爱人也睡不着，于是又讨论起今后方案。我爱人提议住在这里什么时候雨过去再说。我坚决反对，理由是，现正值雨季，多住一天多一分危险，因为马尔康地处峡谷中，只有东西两条路，东面刷金寺，西面走金川县绕行丹巴县要走几百公里山路才能绕到成都。走东面已知梭磨峡谷只有近20公里险段，而走西面是几百公里险段，危险系数太高。我的方案：此地不能停留，如果梭磨峡谷能走，尽早冲出去。我的方案获得太太通过，天亮得到信息："全马尔康没油了，昨夜梭磨峡谷塌方断路正在抢修中。"我们决定先去游览再说，于是先浏览了市容而后去卓尔基官寨——这是有670年历史18代世袭寨主，集官府与豪宅于一身，集历史文物与革命文物于一身的全国重点文物保护单位。当年长征时毛主席在官寨里住过，召开了著名的"卓尔基会议"。游览完到了路口等了半小时终于放行了，几百辆被拥堵多时的车疯狂地沿着刚恢复通车的梭磨大峡谷冲将出去，车速之快，驾驶之狂野前所未遇，我们随着车队闪电般冲进峡谷，简直是一个活脱脱的拉力赛……待冲出去后，驾驶员——我爱人提出要休息一下，因为太紧张太累了。下午4：30抵红原（途中翻越海拔4535米的长江黄河分水岭——查针梁子）下榻粮食局招待所。住宿费100元，餐饮费52元，门票90元，购物3元，全天开支345元。

第十九天：夜雨，由于这里海拔高，气温很低，已有冻手冻脚之感，虽

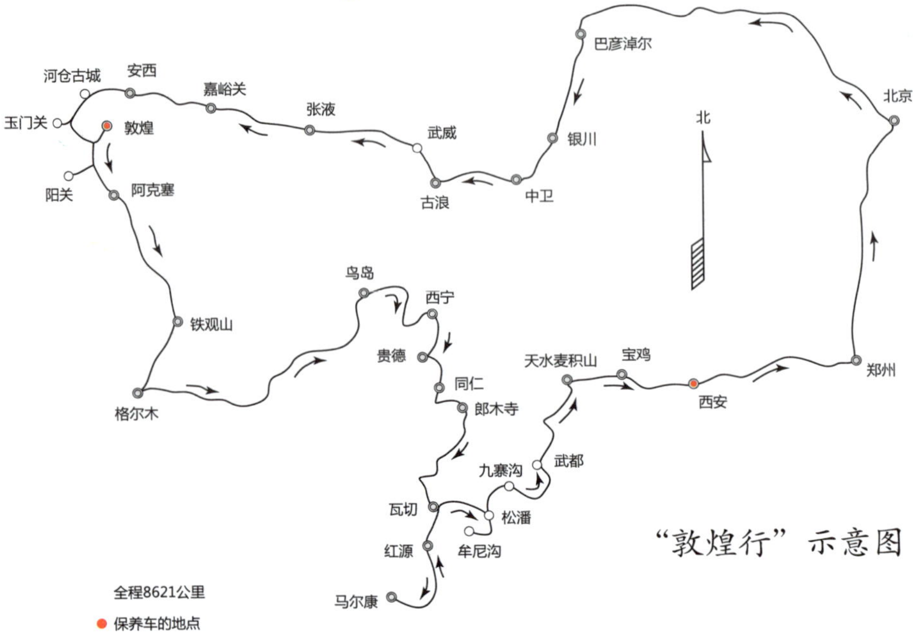

"敦煌行"示意图

八月初盛夏，我们却穿上了冬装。8：00发车，9：00抵瓦切，进入日干乔大沼泽。这里就是当年红军过草地的地方。由于修路，成了大烂泥塘，车子在泥水里走了五个多小时，几次几乎陷在泥中又挣扎了出来。下午2：00抵松潘，下榻汽车站宾馆，回想15年前我们也曾在此住过一晚，那时破烂不堪……。途中在瓦切遇北京车友，我们摄影留念。住宿费80元，过路费20元，餐饮费115元，全天开支215元。

第二十天：夜雨，天气很凉。8：00发车，9：00牟尼沟口，沿山口向里开风景非常秀美。牟尼沟分二道海景区和扎嘎景区。我们决定先去里面的二道海，10：30抵，车停景区门口开始步行游览，越向里走越美……我们在里面野餐，景区尽头是一个温泉泳池，但海拔太高，我不敢贸然下水，实在是憾事，但为了安全只好如此。下午4：00出景区大门，下榻扎嘎景区大门旁的扎吉山庄的藏民家中。扎吉非常热情，上山给我们采了两个很珍稀的蘑菇给我们做晚餐，蘑菇的味道极香。住宿60元，餐饮50元，门票200元，全天310元。

第二十一天：上午游览扎嘎景区，如果说二道沟主要是为赏山，那么扎嘎主要看水，沿着溪水漫步走，景区尽头是高104米的扎嘎大瀑布，它是全世界最大的钙华瀑布，水从十几个阶梯依次而下令人震撼！午回到松潘，在老字

瓦切与北京车友合影

扎吉家大蘑菇

号星月楼点了四个菜犒劳一下自己。午后出发赴九寨沟，4：00抵，下榻贵宾馆。途中经川主寺路旁，山脚下有几百家宾馆着实吓人！有人说一个九寨沟搅动半个四川省真是一点不假。今天终于从高海拔下来了，气温随之升高了。住宿100元，餐费140元，购物35元，九寨沟这里有汽油了，加油165元，全天开支395元。

第二十二天：全天翻秦岭，由于修路加之天气炎热受了大罪……下午5：00抵武都县，下榻县委招待所。洗完澡逛街鼓楼吃拉面，今天是很辛苦的一天。住宿费100元，过路80元，油费120元，餐饮35元，全天335元（九寨沟已来过两次，所以过门而不入了）。

第二十三天：今日立秋。全天行车257公里，从陇南经成县抵天水，足足走九小时。下午5：30下榻天水水利宾馆，住宿138元，过路48元，油费120元，餐饮71元，全天377元。

第二十四天：上午游麦积山——中国五大石窟之一（敦煌、云冈、龙门、大足、麦积山）。特点：一是建于公元500年。二是建于绝壁之上。野餐后上国道，大塞车进退不得7小时许，晚8：00才进宝鸡，下榻电力宾馆。住宿110元，过路100元，油费120元，餐饮96元，门票150元，全天开支476元。

第二十五天：早，小雨，午抵西安清池铁路疗养院，下午休息，温泉泡澡。住宿费140元，过路费85元，餐饮46元，全天开支271元。晚餐为自带食品。

第二十六天：全天休息，泡温泉。住宿费140元，餐费30元，全天170元。晚餐为自带食品。

第二十七天：上午去4S店进行外出第二次保养。进城，市中心鼓楼逛街吃泡馍。午12：30返4S店取车。1：00出发赴郑州，晚抵，下榻红旗宾馆。住宿100元，过路175元，油费331元，餐饮213元，保养车618元，全天开支1437元。

第二十八天：返京，下午4：00回到家中。

过路费215元，油费290元，餐饮56元，全天561元。

此行28天，总行程8621公里，总开支14941元。

总用油629升。

路费（汽油，过路，保养车）5658元（占38%），住宿2656元（占17%），餐饮2123元（占16%），门票1648元（占13%），购物1937元（占10%）。

平均每天533元（2人），267元/1人。

尽管此行在外出前做功课力求周到全面，准备了多套方案，但还是有些问题没有料到：

1. 尽管此行带了副油箱，但若尔盖草原没有汽油没料到，待发现时已来不及补加了，人烟稀少地区，副油箱也应当随时保持满油状态。

2. 梭磨大峡谷刚向里开时路况好，也无塌方现象。等险象丛生时已无退路了。

3. 从瓦切到松潘的烂泥塘路，没有料到。

4. 从九寨沟至陇南翻越秦岭，没料到全线修路。

5. 天水至宝鸡七八个小时大塞车没料到，幸亏机警地跟着警车冲了出来，否则……

这就是自驾游“无奈”的地方。除了面对，想尽办法克服，别无他法。所以说自驾游是个“磨练人生”最好的课堂。几乎每次远程游，老天爷都在路上给你设置些难题来考你，看你如何面对挑战，我觉得这也恰恰是自驾游最具魅力的地方！

珠峰行

时间：2011年5月10日至6月16日

第一天：早6：30发车，9：00抵石家庄，向西进入太旧路。中午，晋中午餐。2：00平遥，经曲沃、侯马、稷山一路向西，4：30抵龙门，开始游览。黄河从这里冲出大山奔向平原，最窄处只有50米宽，古人修了大禹庙，称之"禹门"，老百姓称龙门，"鲤鱼跳龙门"就是指这里。解放后修黄河大铁桥，把大禹庙拆了，实在可惜。7：00抵韩城，下榻晨钟宾馆。韩城是《史记》作者司马迁故里，司马迁祠堂、古文庙、党家村古民居等诸多名胜古迹是个值得一游的地方。住宿70元，过路费205元，油费675元，餐饮29元，全天开支979元，全天行程701公里（龙门景区不收费）。

第二天：早，去宾馆附近的百年老字号天德羊汤馆喝了羊汤。昨天之所以选晨钟宾馆下榻就为的今早喝羊汤——每次来韩城都要光顾这里，因为，这里的羊汤喝一次一辈子也忘不了。早8：30发车，11：00西安，午抵秦岭核心服务区午餐，3：30抵汉中，4：30抵青木川，入四川界，5：30广元，6：00下高速赴昭化古城一游。由于售票处已下班，省了90元门票。原想下榻古城内但食宿都太贵，明显宰客。鲶鱼竟然要45元一斤，一条鱼做熟要150元。我们来时路边卖鱼很多，鲶鱼不过4元一斤，太不靠谱了！决定离开。晚下榻宝轮兰源宾馆。全天行程691公里。请注意宝轮是去九寨沟最佳地点，从这里沿白龙江一路向西经碧口、文县抵九寨沟，路又平安全系数又高。比传统路线从成都经汶川到九寨沟强百倍。住宿70元，过路费324元，油费442元，存车5元，餐饮109元，全天开支950元。

第三天：早8：30发车，午抵成都午餐，下午2：50抵雅安，由于前期功课做得很仔细，我们一分钟也没停留，穿城而过直接去城东南34公里处望渔古镇一游。真是不虚此行，这是我自驾游这么多年见到的保存最完好的古镇，走在

黄河龙门——黄河从此进入平原

望渔古镇

街上有时间隧道之感，仿佛回到了百年前，1935年冬红四军在这里住了一段，有些标语字迹还在。游后我们直接赴“蜀南第一汤”周公山温泉，下榻天府温泉B座，晚泡温泉。全天行程508公里。住宿320元，过路179元，油费275元，餐饮93元，全天开支867元。

这三天日程本来是“跑马观花”，但由于功课细致，日程安排紧凑，游了龙门、昭化、望渔，还泡了温泉。

第四天：上午泡温泉，这里推出的“两人套餐”太吸引人了……周一至周四两人住宿，泡温泉，用餐每天380元。吃、住、泡加在一起一天一人190元，这是我走遍全国最低价位了。11：00退房，午在市内名店“于老四”品尝雅鱼。此时又下起了雨，渔店服务员就是本地人，这样，雅安的三雅：雅鱼、雅雨、雅女一网打尽了。真是幸福啊！但上帝很公平，不能把好事都给我们……可谓“甜尽苦来”，下午就让我着急受罪了。午餐后一上108国道就遇大塞车，路又烂，雨又大，车子在一个个烂泥坑缓缓滚动着……在汉源山顶遇大事故，车全部塞死，雨也变成了雪花，天渐渐暗了，我们几乎要被困在山顶，这时我们紧紧咬住一辆公交车，因为公交车长年在这条路上跑，它对这路上每个转弯路口都熟悉，我们紧跟着它走了一条小路冲出了大塞车的重围。晚8：00终于在又冷又湿的阴雨中开进汉源，下榻民政宾馆。今天7个多小时才走了159公里烂路。紧跟当地公交车是我们多次化险为夷的“锦囊妙计”。住宿70元，过路25元，油费185元，餐饮245元，全天开支535元。

第五天：昨天脱险让我们后怕，一早7：00就匆匆上路了。9：00石棉县，午开进西昌，我们计划来这里两件事：登螺髻山适应高海拔，4S店保养车。下午3：00抵景区，决定明早登山，4：00许在螺髻小镇下榻如家宾馆。全天行程296公里。住宿60元，过路费28元，油费150元，餐饮68元，购物460元。晚餐后逛小镇买了许多彝族服饰。全天开支766元。

第六天：夜雨。早，雨还在下，山上、山下白茫茫雨雾弥满……天气预报明日晴。我们当即决定改变日程，先进城保养车，雨中行车边走边玩。午进城下榻永安宾馆，午餐后去西昌鸿运4S店保养车，清洗油路，彻底检查全车，更换刹车片，为进藏做最后技术准备……4：00全部完成，这时雨越下越大，我们雨中逛老城区南街买彝族漆器，晚7：00回宾馆。住宿60元，过路费10元，存车13元，餐饮140元，购物498元，保养车570元，全天开支1291元。

第七天：早，雨还在下，天气预报说明日才转晴。我们决定顺延一天，白天游邛海，我们顺时针环湖游、月亮湾、青龙寺……下午将副油箱加满，进藏“战备”食品备足后，晚下榻螺髻镇如家宾馆。晚雨停，预示明是个晴天。住宿60元，过路10元，存车15元，油费260元，餐饮35元，全天开支400元。

第八天：上午爬螺髻山。主峰也俄额哈峰海拔4395米，气势磅礴，直插云霄。山上原始森林茂密，鸟语花香。我们在山上午餐，3：30下，向西直赴盐源，晚8：10抵，下榻邮政宾馆。全天行程5小时许，行程200公里。住宿100元，过路费25元，油费100元，门票367元，全天开支592元。今天开始了适应高海拔的训练。

第九天、第十天、第十一天上午的详细内容：在第六章第五节第三小段“翻越无人区”里，已经讲得很详细了，这里不重复了。第九天住宿50元，油费270元，餐饮56元，全天开支376元。

第十天住宿40元，全天总开支40元。

第十一天中午，我们谢天谢天在色拉上了柏油路，进稻城先洗车，而后找了家饭店大吃一顿炖排骨、干烧鱼，吃完开车直接去了茹不查卡泡温泉，晚下榻人武宾馆。住宿80元，洗车25元，油费275元，餐饮141元，泡温泉60元。全天开支681元。

第十二天：我们之所以选择从雅安、盐源、木里、亚丁、稻城这条线进藏，目的就是在这一带进行适应高海拔的身体训练。这几天吃“绿A螺旋藻”的剂量加大了，每天增加到六片。实际训练从外出第八天就开始了。当天，从海拔900米多上升到海拔3900米，而后到盐源又降到2000米。第九天，从2000米升到木里大寺3900米又降到江边1500米。第十天翻无人区从1500米升到比沙山垭口3508米，晚又降至2000米。第十一天从2000米又升到稻城海拔3700米。今天我们去乡城，要从3700米升到咕噜山垭4708米，而后沿马熊沟下到2920米的乡城，午餐后原路返回再经过一次升降。过山垭口时，十几秒钟内朗朗晴空突降风雪让我们惊愕！（从乡城向西南方走230公里土路，便可抵达云南的香格里拉，中途也要翻一个4000多米的垭口，每天有一趟班车往返两地。）住宿80元，油费150元，餐饮100元，购物买天珠328元，全天行军227公里，开支658元。这个季节正是挖虫草的时候，路边买10至15元一根虫草。晚在广场跳锅庄。

第十三天：早赴亚丁，这是我国目前保存最完整、呈现出世界上最美丽的高山峡谷自然风光的景区。被称为“香格里拉之魂”，被联合国纳入世界生物圈保护区。1928年美国探险家洛克来到这里，他在日记中写道：“世界上还有什么地方，景致如此完美，等待着探险，摄影家们……”果真如此，名不虚传！汽车沿着高等级公路向景区纵深行驶，我被扑面而来的景致深深地震撼！这些年我们夫妇几乎走遍了全国，也游历了世界30多个国家，但眼前的一切仍让我们……我们的心灵被重重地撞击着。“亚丁”是一个作为中国人一生不能不来的地方！我们只顾得拍照、观景，甚至连午餐都忘记了，直至下午2点我们才在一个观景台上野餐。这里视野开阔，亚丁的三座神山尽收眼底：仙乃日峰（藏民称观世音菩萨）海拔6032米，是稻城第一高峰，好似观世音坐于莲花台上，气势宏伟壮观。央迈侧勇峰（藏民称文殊菩萨）海拔5958米，晶莹剔透，洁白无瑕，好像一位玉洁冰清的少女。夏诺多吉峰（藏民称金刚菩萨），好似一位英俊刚烈、神采奕奕的少年。由于景区内留宿点海拔4000多米，我们担心夜里有高原反应，决定下山赴稻城至亚丁47公里处，欧式风格的酒店杜鹃谷温泉山庄下榻。这里海拔3500米，地处野杜鹃花海的中心，既可泡温泉，又可以赏花，真是无与伦比，美不胜收。晚餐后与老板侃大山，得知他们是沈阳人，竟然在这大山里投资2000万元，修了这座山庄！我打心眼儿里佩服人家这勇气。住宿150元，门票230元，餐饮100元，全天行程160公里，全天开支480元。

第十四天：这里环境太优美了，我们决定休息一天，泡泡温泉。住宿150元，餐饮300元，全天450元。

第十五天：上午泡温泉，中午返回稻城入住人武部招待所。中午吃老鸭汤滋补身体。下午休息后再次仔细检查车辆及补齐车上的战备物资等。我们从第八天开始的进藏训练至今告一段落，感觉身体已适应了高海拔环境，决定明天正式开进。晚又去稻城广场与藏民一起跳锅庄。锅庄是藏民非常普及的通俗舞蹈，有些像我们汉民跳秧歌一样。但它的动作舞姿千变万化，优美动人，伴舞的音乐非常好听，跳上一次就会上瘾，天天都想跳。是再好不过的全民健身运动了。住宿80元，油费150元，餐饮270元，购物348元，全天开支848元。

第十六天：今天是外出半个月整，经过七天行军及八天高原缺氧训练，中午抵理塘没停留，开出几十公里才野餐，餐后便翻上了海子山，这里平均海拔

在亚丁仙乃日峰前

4310米，山垭口4675米。它是青藏高原上最大的古冰川遗迹，自然景观原始、混沌。由于冰雪侵蚀形成了万石矗立和千湖星罗棋布的壮景，巨石中有大小湖泊1145个，是摄影家天堂。我们之所以不敢在理塘（海拔4000米）停留，是因为那里向游客索要钱财、“碰瓷儿”时有发生，是个多事之地。由于路上新修了五个隧道大大缩短了行程。中午在理塘至巴塘一望无际的草原上野餐，我们入藏坚持准时开饭的做法：这样做优点甚多，首先主动权掌握在自己手中，不必为赶一个饭点去开快车，而且即使赶到了也不一定有个像样干净满意的小饭馆。这样，不紧不慢行军，只要到点，开下公路找个合适的地方就野餐，实践证明此法最好。

下午4：30抵达中国弦子之乡，茶马古道重镇——巴塘。这里海拔2548米地势较低，气温较高，有小江南之称，而且是藏族歌舞之乡。“巴塘弦子”，藏语叫“谐”，是歌舞的意思，全称“嘎谐”，迄今有1000多年历史，具有浓郁的乡土气息，2006年列入国家级非物质文化遗产。下榻金穗宾馆。住宿150元，油费230元，全天行程316公里，开支380元。晚广场上跳锅庄与藏民同乐。

第十七天：这是继第十天翻越无人区以来，又一次艰苦卓绝、令人难忘

跳锅庄

的一天！早离开巴塘沿金沙江左岸过了竹巴龙大桥便进入西藏境内，路况立即变得荒凉险恶，翻越的第一个山口是拉乌山口4695米，最惊险的路段是从竹卡进入澜沧江大峡谷后沿悬崖绝壁盘旋而上直达山顶（5008米）的垭口——这是我们此行以来到达的最高海拔。路很烂，车只能缓慢一点点向前拱，近11个小时才走258公里。路上对面遇见大批的川藏汽车兵，他们常年行驶在如此艰险的路段上令人肃然起敬。今天我明白了，为什么说川藏线是中国境内最难走的路，百闻不如一走。晚下榻海拔近3900米的左贡交通宾馆。住宿60元，过路20元，油费215元，餐饮76元，全天开支371元。

第十八天：早8：00发车，路况开始较好，10：40抵邦达，这是一个类似于“新都桥”一样的一个重镇，因为它扼守着滇藏路、川藏南线、川藏北线及青藏东线四条进藏线路，是通向拉萨的门户。过了邦达就翻上4658米的业拉山口，野餐后下山直抵怒江大峡谷，本来路就很烂再加上修水电站更是一塌糊涂，车在一个个大泥坑中爬进爬出，此行要不是这辆四驱，而且是充沛动力“ix-35”，恐怕这段路也是过不去的。3：40八宿加油，5：40翻越4545米的安

理塘巴塘间草原上野餐

久拉山口，而后便进入川藏线横断山最著名的路段七十二拐。经过多年整修路已经没那么险了，但整座山险峻的态势还是令人震撼。全天10小时行程289公里，晚抵海拔3900米的然乌，下榻然乌宾馆。偶遇几位北京车友，“他乡遇故知”，见面格外亲切，我年纪最大于是做东请大家吃一顿丰盛晚宴。席间他们谈及在理塘被当地人追逐索要钱财被迫报警一事，看来理塘是多事之地决非空穴来风。住宿150元，油费150元，餐饮379元，购物30元，全天709元。

第十九天：从稻城出发至今三天了，回忆这三天是惊心动魄的三天，仿佛航船驶入了太平洋的惊涛骇浪。横断山路难行自古闻名，汽车每天从三个大峡谷底几百米要翻上5000米上下的雪山垭口，而后再下到谷底。全程三天863公里，80%是极烂的路，并不是不修，而是这里是地质灾害最频繁的发生区，泥石流、塌方年年有，刚修好的路立刻就被毁得七零八落。唯一办法就是打隧道，而我们无论财力、技术都很难做到。应当说川藏线318国道最险的路段就在这里，更具体地说集中在竹巴龙→芒康→左贡→邦达→八宿→然乌这些路段上。这段路，既是川藏线上最险段，也是全国960万平方公里内的最险路段。在世界范围内恐怕也是独一无二的。一到然乌好像从大风大浪里驶入了一个风平浪

“珠峰行”示意图　全程11135公里

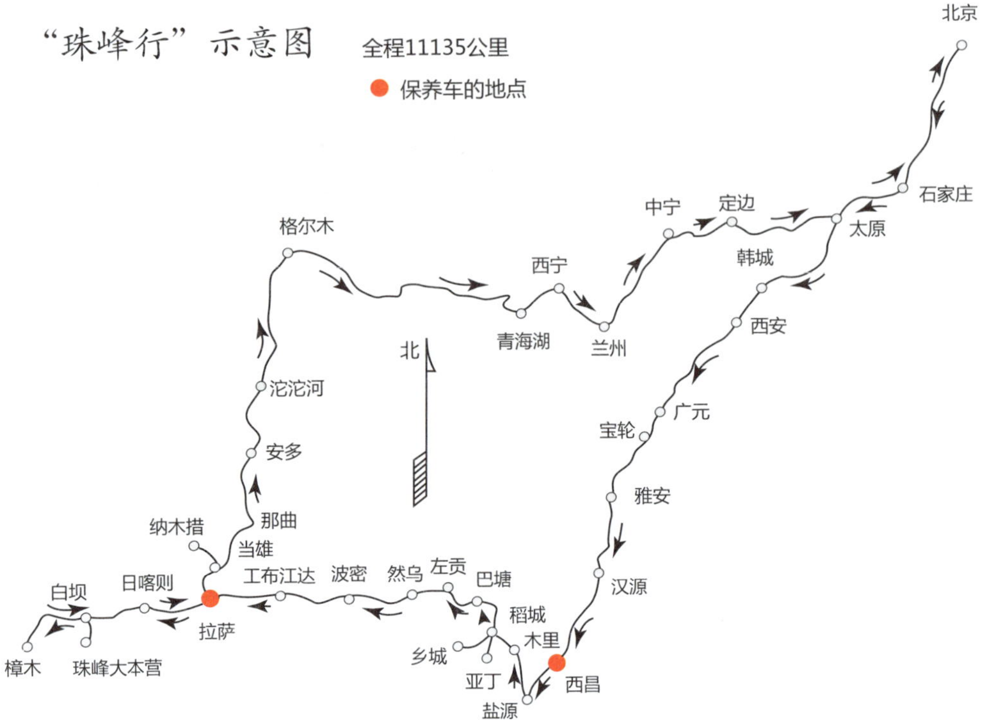

静的港湾。然乌的风景极美，我个人认为然乌风景在西藏当属第一。然乌是一个镇，座落在然乌湖边，周围都是茂密的原始森林和洁白的雪山，连绵十几公里的湖水像一面镜子映衬着雪山。令人屏住呼吸默默地凝神着，思索着，这是人间？还是梦幻中的世界？从然乌这里向南走173公里极烂的土路便可抵达察隅——那里是僜人、珞巴人的故乡，路上还可以看到来古冰川、仁龙巴冰川。僜人也叫僜巴人，他们有自己的语言但无文字，仍在用结绳或木刻记事，男女都酷爱烟酒，男子头戴耳环腰挎大刀很威风。做“功课”时这里的情况很吸引我们，真想去一睹风采。但然乌人告诉我们车要在泥坑里滚10个小时以上，必须是四驱车，最好是两辆同行，陷进泥坑可相互拖拽。说实话，这三天翻越横断山大峡谷的行程已经把我们刚进藏时的锐气杀去一半了，听到如此情况我们失去了勇气。虽然边境通行证已开我们还是决定放弃。我们把车停在湖边静静地欣赏着美景，两个多小时后才恋恋不舍地离开，然乌是一个你看上一眼就舍不得走的地方。午抵米堆冰川，这是世界上海拔较低的冰川，冰川主峰6800米，雪线4600米，由于地面气温较暖，竟然常年生活着冰蚯蚓及各种昆虫，它是中

横断山的七十二拐

国最美的六大冰川之一。中午我们野餐的时候和十几位“宝马”越野摩托骑手攀谈起来，原来他们是江苏徐州的艺术家，又是摩托俱乐部成员，结伴骑摩托去印度，途中还要在西藏资助一所希望小学，我和他们队长合影留念。从米堆冰川沿额贡藏布江在原始密林和雪山中穿行，我们缓缓地一路向西，这段公路太美了，宛如仙景……我把它列入了中国最美的四段公路：西藏——然乌至波密；新疆——布尔津至喀纳斯；东北——额尔古纳至根河、广西——德天至雷平。这四段公路是我十几年自驾游生涯中走过的最美路段。下午5：30抵波密下榻武警招待所。今日佳能相机出了故障，我启用了第二台尼康相机（外出最好带上两台相机）。住宿120元，存车5元，油费180元，餐饮54元，冰川门票100元，购物18元，全天行程140公里，开支478元，今天两次打不着车，油路脏了，加入两瓶油精清洗立即见效，再踏油门非常灵敏。晚广场跳锅庄。

第二十天：从波密到墨脱141公里的公路据说国家投巨资已经建好，但还未通车。有很多驴友背包客都步行前往一游，往返要七天，单程步行两天（当

通麦天险及徒步行走雅鲁藏布江大拐弯墨脱示意图

读者见到此书时恐怕这条公路早已通车了）。早9：30发车出波密，一路青山绿水，我们不时停车赏景，午野餐后抵通麦。这是一个小镇，过了镇便是有名的通麦天险。一座简易铁桥横架在奔腾咆哮的易贡藏布江上。铁桥只允许通行小轿车及皮卡，因此大货车及大客车到了桥两边都要进货场，下货下人由小皮卡一点点运到对岸装车上车再运走。所以成了川藏线318国道咽喉要道，由武警严加看守，车辆排队依次放行，当车从简易桥两条木板上缓缓驶过时，心惊肉跳！2000年4月9日此地发生了特大山体崩塌滑坡泥石流，至今这里地壳构造异常活跃……所以只能用简易桥替代，你无法预测还会发生什么……过了桥便是著名的沿江14公里险段——此时车向西行右面是悬崖绝壁，左面是汇合了额贡藏布江、帕隆藏布江水的易贡藏布江，水流湍急，流速极快，波浪上下翻滚，令人眩晕……而路狭窄之极只能容一辆车通行。如对面来车，两车之一必需后退，退到一处稍宽的地方两车擦肩而过，后退是极其危险的事，搞不好要掉进江里就完了。我们走这段路真是捏了一把汗，就怕对面来车尤其是大货车。我们还是采取老办法，我在车前面100多米处小跑，车跟在远处缓行……果然前面发现一辆小轿车，我急忙挥手示意，他贴进路边一个小窝处，我们擦肩而过。下午3：00抵排龙，这里是驴友步行去雅鲁藏布江大拐弯秘境的入口。4：00抵鲁朗，原来是个小村子，现已发展成“石锅鸡”镇，公路两边几十家“石锅鸡”餐饮店依次排列。“石锅鸡”本是墨脱门巴族人的特色菜，他们用当地一种石头凿成石锅，炖当地土鸡又加上各种香料，味道非常鲜美。但墨脱交通极为不便，于是一些墨脱人在鲁朗开起小店，过往车辆无不闻香下马，所以很快生意火了起来，一些内地人看好商机纷纷开店形成了今天的局面。我们慕名而来当然不能放过。餐后又爬山，车子翻上4515米的色季拉山口，这里有观景台，是观鲁朗林海最佳地点，林海面积100平方公里，全是原始密林。如果晴天可清晰看到东南方向中国最美的山峰，7787米的南迦巴瓦峰。6：00抵林芝，我们立即去参观柏树王——树龄2600年，高57米，胸径6米，被誉为“中国柏科之最”。晚下榻八一宾馆。住宿90元，油费120元，餐饮120元，门票30元，购物300元，全天行程232公里。开支661元。

第二十一天：全天休整。上午逛新城，下午逛老城，全天阴雨但温度非常舒适。林芝是西藏海拔最低、气候最温暖湿润、生态环境最好、森林覆盖率

然乌的雪山

白居寺

布达拉宫前磕长头的人

最高的地区。这里林木集蓄量每公顷达3000立方米，是我国东北的五倍。住宿90元，餐饮108元，购物750元（今天买了西藏特产“天珠、天眼”）全天开支948元。

第二十二天：早大雨中出发，午11：00抵巴松措，野餐后游览。该湖海拔3460米，长15公里，宽3公里，深120米。它是藏传佛教红教神湖，也是藏东最大淡水湖，湖水清澈湛蓝，游鱼如织，湖边森林密布。我们在密林中采得一巨大野生灵芝，欢喜若狂。又购得一琥珀化石。下午5：00抵工布江达，下榻雪山宾馆。住宿60元，门票240元，购物500元，行程211公里，开支800元。

第二十三天：早7：00发车，10：00抵海拔5020米的米拉山口，午抵墨竹工卡加油，午餐。下午2：00游甘丹寺——这是藏传佛教创始人宗喀巴出家的寺院，所以与拉萨的哲蚌寺、色拉寺并称为“三大寺”。下午4：00抵拉萨，入住军区二招，三次来拉萨均住在此，这里离大昭寺很近，吃游方便。从北京出发历时23天，行程5522公里，历尽艰辛终于到达拉萨！晚逛大昭寺，八角街购物。住宿100元，油费265元，餐饮78元，购物850元，行程292公里，开支1293元。

第二十四天：二招很陈旧，没有电热水器，锅炉坏了不能洗澡。早搬到前院八一宾馆，安顿后去超市，为汽车的“战备仓库”补充给养，超市物品之丰富令人惊讶！特别是各种旅途用食品：譬如一拉便可以加热的盒饭等，我们买了很多，午餐后“打的”回八一宾馆。晚，去布达拉宫广场拍照，吃龙抄手后返回。住宿150元，餐饮340元，开支500元。

第二十五天：早出发赴藏西南游，10：30抵羊卓雍措，这是西藏三大圣湖之一，面积达630平方公里（另外两个圣湖为纳木措，玛旁雍措）。湖边野餐。下午2：30抵卡若拉冰川，这是全西藏离公路最近、几乎不用下车就能观赏到的冰川。而后翻越4510米的斯米拉山口抵江孜，游白居寺，它聚萨迦、格鲁、布敦等诸多教派于一寺，包容性很强，因此在藏传佛教中地位高，影响力大。特别是著名的白居塔有108个门，77间佛堂佛像多达十万，又称“十万佛塔”。5：00离寺，开进江孜大平原，一马平川，令人心旷神怡。晚抵海拔4000米的日喀则，下榻民政宾馆。住宿60元，存车4元，油费260元，门票160元，购物410元，全天行程359公里，开支894元。

第二十六天：上午游扎什伦布寺，它由一世达赖所建，内有全藏最大的强巴佛及一世达赖，四、五、六、七、八、九、十世班禅的灵塔。午餐后赴珠峰。2：00过拉孜，翻上5248米的普拉山口，顿时冷风刺骨，寒气逼人。5：00抵白坝，下榻雪城宾馆。今天车在4000米以上明显感觉行车无力，加油时又加两瓶油精，清洗油路，为明赴珠峰准备。珠峰售票处明早9：00才开门，我们赶紧买好了门票：一辆车400元，一人180元，司机免费。白坝海拔4500米，这是我们入藏以来住宿海拔最高的地方，就是一个“冷”字，我们把毛衣毛裤、羽绒衣裤全部上身，武装到了牙齿。今天是端午节，在高原是无法吃到粽子的。住宿120元，油费160元，餐饮46元，门票（扎什伦布寺）110元，全天行程234公里，开支436元（珠峰门票算明天开支）。

第二十七天：今天是此行达到巅峰的一天。6：00上路，从白坝至大本营可以说没见过这么烂的路，一个大坑连着另一个大坑，从这个坑里爬出来再滚进另一个，101公里全是这种路。而且还翻大山，上午10：00爬上了海拔5210米的乌拉山口。这里是看珠峰的最佳地点：从左向右七座高峰一览无余……马卡鲁峰8463米，洛子峰8516米，珠穆朗玛峰8848米，卓奥友峰8201米；拉布吉康峰7367米，西夏邦马峰8027米。真是太壮观了！七座高峰，有六座在8000米以上！伟哉！壮哉！这是我有生以来，这么近距离，这么真切地看珠峰！激动的心情难以言表。边欣赏边拍照。山口有很多卖化石小贩，追着你，甚至开摩托车追你很远，让你买他的化石。我们在这崎岖的路上边走边野餐，午1：30抵绒布寺。后面的故事，在本书“到了珠峰见好就收”那一节里已讲过。事后总结发现，乌拉山口是观珠峰和其他8000米高峰最佳地点。真到了绒布寺，珠峰大本营一来是在山谷中视野不开阔，二来仰视效果不好。住宿200元，门票580元，买化石580元，全天行程252公里，全天开支1360元。

第二十八天：早出发后便爬米拉大坝子，拉龙拉山口（5050米），这里是乌拉山口外第二个观8000米高峰的绝佳地点。我建议朋友们不必非要受那个罪在路上颠波十小时去大本营看珠峰，这两个山口都是好地方。这里有一个亚米路口，插着木牌直至希夏邦马峰，我在这里摄影留念。

下了山口，公路便钻入一个深谷中下坡行驶，午，抵聂拉木，海拔5000米，午餐后沿中尼公路抵樟木——32公里下降3000米绝对世界纪录！从北京出发28天，行程6549公里，抵达了我们此行折返点樟木。下榻嘛呢石宾馆。住宿240元，油费310元，餐饮142元，行程182公里，全天开支742元。

第二十九天：昨夜有醉氧前兆，天一亮就逃之夭夭，午抵岗嘎，4：00拉孜，6：30抵日喀则，下榻民政宾馆。全天行九个半小时，474公里。住宿60元，油费275元，餐饮88元，全天开支417元。

第三十天：在做功课时曾预测，折返后要在拉萨做外出的第二次保养，事先也打好了电话。我们从日喀则出发后直赴4S店，下午5：00，抵拉萨康达4S店。到了这里仿佛回到了家，服务经理非常热情，派了最好的师傅为我们很仔

去希夏帮玛峰的路口—亚米

珠峰大本营及樟木口岸态势详图

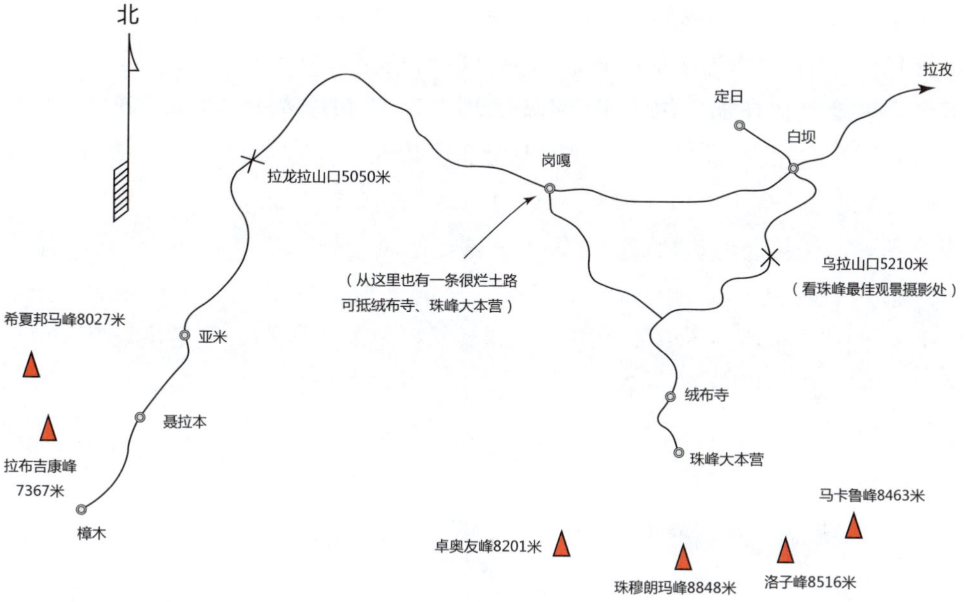

细地检查了全车，清洗了油路，做了四轮定位，换了机油三滤，整个儿车呈现出焕然一新的状态。晚下榻八一宾馆。住宿150元，过路60元，油费182元，购物60元，保养车646元，全天行360公里，开支1098元。

第三十一天：全天彻底休息。早餐吃完睡了一觉，午餐吃完又睡了一觉。看来的确是人困马乏了。傍晚补充了给养，又去布达拉宫随转经人们走了一圈。住宿150元，餐饮132元，补充给养200元，全天开支527元。

第三十二天：踏上归途。10：00抵羊八井，午抵当雄，路旁野餐，1：00前进翻越5200米的那拉根大雪山，3：00抵世界上海拔最高的咸水湖，4718米的纳木措。它的面积有1920平方公里，象大海一样浩翰无垠。我们在湖边静静坐了两小时欣赏湖上变幻的风云……不一会儿飘起了鹅毛大雪，天寒地冻，我们在风雪中又翻过那拉根大雪山，晚下榻当雄金珠宾馆。天气极冷好似严冬。当雄海拔4200米。住宿180元，油费210元，餐饮23元，门票240元（纳木措）购物20元，行程295公里，全天开支685元。全天明显感到大气含氧量低。

第三十三天：早，天寒地冻，冷风削面。天刚亮7：00发车，9：40那曲，午在4880米的申格里贡山上野餐，1：00抵安多，3：00翻越5231米的唐古拉山口，晚抵沱沱河小镇——这里是长江的源头，海拔4600米，气温很低，天上飘着雪花，小镇荒凉、冷清……我们在风雪中找到一家刚开业的兴旺旅店，房间是用塑料板搭建的，我们之所以选中它是因为它有暖气。全天行程578公里，整整11个小时超强度行军。我们向前赶的目的是躲开安多，因为它海拔5000米，如果晚上宿在那里说不定会有高原反应。要知道今天是6月11日，在北京是盛夏呀！而在青藏高原上却是风雪交加生暖气。住宿150元，油费270元，全天开支420元。全天野餐，在拉萨买的“易拉热盒饭”派上了用场，只要拉一下等一下，就会吃到热腾腾的盒饭……这在寒风刺骨的荒原上成了最高享受。

第三十四天：夜下大雪又刮起风，早起大地银装素裹，风雪交加。我起来把车上的雪清理一下就发动车，谁知竟然打不着火了……我足足鼓捣40分钟才着了车。真把我吓了一跳，再打不着火，车内电瓶的电恐怕要用完了。高寒缺氧是打不着火的主要原因。进藏的车必需具备一流的车况才行，我的车刚刚

世界上海拔最高的咸水湖4718米的纳木错

藏野驴

秃鹫抢食

保养完四天，油路彻底进行了清洗还打不着火？如果您的车况不太好，可想而知……我们在风雪中离开荒凉的沱沱河北上了。路上空无一车，冷清之极，我们真是“风雪中的千里走单骑”呀！我们一边开车一边感叹……车窗外是冰雪世界、寒风刺骨……而车内是温暖如春好似家中——我们喝着咖啡，打开了CD，在浓浓的咖啡香气中听着音乐观赏着四野的景色，这是何等的潇洒与浪漫。8：00抵5010米风火山口，10：00五道梁，11：30不冻泉，午抵4747米的昆仑山口，风太大，天气太冷，我们只好面对昆仑山坐在车内野餐，吃热腾腾的鱼香肉丝盒饭（这是另一种加热方法，在指定处倒一点水进去，水和里面的某种物质起反应产生热量，迅速把米饭和菜加热）。下午2：00抵西大滩，休息并将副油箱的油全部注入主油箱，后面的路程用不着备用油箱了。今天十分幸运在路上拍到了秃鹫抢食、藏野驴等野生动物。4：00抵格尔木下榻快捷酒店。全天行程9小时行程411公里。住宿130元，存车5元，油费80元，餐饮45元，全天开支260元。我们用三天在世界屋脊平均海拔4200米的天路上行驶1284公里（拉萨至格尔木），由天上落到了地上，气温也由严冬回暖到了秋天。当晚吃了一顿正餐，这是三天来吃的最可口的一顿饭，晚还洗了三天来头一个热水澡，太舒服啦！

第三十五天：全天休息，适应海拔2850米，防止醉氧发生。今天从报上看到川藏线“通麦”因泥石流大塌方而断路，被困60台车100多人（我们之前通过时已有预感）……6月份雨季到了，险象丛生了，而我们出来了！住宿130元，餐饮110元，全天240元。

第三十六天：早6：30发车，一马平川，10：30抵海拔3088米乌兰山口，午抵茶卡午餐，3：00抵海拔3817米像皮山口，5：00许下榻青海湖畔二郎剑景区哈里客栈。晚逛景区吃拉面。全天九小时行程636公里。住宿160元，存车5元，油费170元，餐饮92元，全天427元。

第三十七天：早，躺在床上观赏了青海湖日出，并拍照。8：00发车，10：00西宁。午，抵民和张家寺午餐，下午3：00进入宁夏，天气由早上深秋回到了盛夏，5：00抵中宁，下榻河滨招待所。全天行程634公里。由海拔3100米降到1000米。晚逛街吃盐边清炖羊肉，味道极佳。气温高达32℃，一下子有些招架不住，中宁是个干净安宁的小县城，给我印象很好。晚上需要开空调了。住宿70元，过路费208元，油费470元，餐饮104元，全天开支852元。

第三十八天：今天是此行最后一天，没想到也是异常艰苦、创纪录的一天！早6：00发车，上G20，即横穿大沙漠的定边至武威的公路，9：40抵靖边，11：00抵子洲遭遇大塞车，上万辆拉煤大卡车一眼望不到边，非常可怕……正在危难之际又有贵人出现搭救。突然出现了几辆押运现金的武警车队，荷枪实弹，一路警笛长鸣警灯闪烁。我们一下子就死死跟在他们后面。这个车队很厉害，凡挡路车一律闪开，否则强行……就这样我们大气不敢出，午饭也来不及吃，一路势如破竹，在塞车的拥堵路上硬撕开了一个口子闯将过去……1：00经吴堡过黄河，2：00抵山西杏花村，2：50抵太原冲出了重围。5：00进河北，7：00保定，8：30进北京，9：30抵家。今天创记录连续行驶15个小时，创记录全天行程1198公里——这是我们近十几年自驾游单日行程最高纪录！过路费460元，油费506元，全天开支976元。

至此历时38天，行程11135公里，耗资25257元的走川藏线珠峰行圆满结束了！

其中：住宿4210元，占总开支16%；餐饮3027元，占总开支11%。
门票2505元，占总开支9%；购物5809元，占总开支26%。
过路、存车、油费、保养车费总计9819元，占总开支38%。
平均每天665元/2人，平均每天每人332元。
总计用油882升。

·黔东南广西行

时间：2010年10月31日至12月15日（此行1男2女共3人）

第一天：全天行驶。7：00发车，8：00河北界，12：00磁县，4：00许昌，5：00下榻金都酒店，行程776公里。住宿200元，过路费315元，油费575元，餐饮91元，全天1181元。

第二天：早8：00发车午抵武汉蔡甸。午餐。下午4：00长沙，晚6：30抵衡山新塘镇，下榻又一村旅店。全天行826公里，过长沙时前面飞来一石子将风挡右上角击一小洞——这是自驾游以来被意外击中并碎裂的第四块风挡玻璃了，无奈。晚上街买502胶水将其粘住防止进一步裂开。住宿130元，过路费415元，油费230元，餐饮125元，计1040元，北京至衡山——1600公里。

第三天：早赴曾国潘故居——富厚堂。路非常之烂，48公里布满泥坑的路，足足走三小时。抵达后立即游览，午餐后又赴曾的出生地白玉堂。两地相距8公里，环境清新秀美。曾国潘被一些学者推崇为中国第一完人。因为按照古代的道德标准：修身、齐家、治国、平天下、立德、立功、立言，他都占全了。至今历史上还不曾有第二人。他也是毛泽东、蒋介石推崇备至的人。观后深感不虚此行，路烂也值了。晚下榻邵阳晋阳小旅店。全天行程236公里。住宿120元，过路380元，油费290元，餐饮155元，门票140元，共945元。

第四天：早，上高速，藏江用午餐，下午4：00抵达镇远，此行的第二个目的地。它是古代中原人南疆必经之道，被誉为“滇楚锁钥”、“黔东门户”，中原文化、巴楚文化、闽粤文化在这里交汇融和，名胜古迹星罗棋布，加之山川秀美，使它成为了一座国家级名城。我们先开车把全城转了一圈后确定下榻市中心商务会馆。晚逛街观夜景。全天行417公里。住宿200元，过路费177元，油费343元，餐饮170元，购物40元，全天总开支930元。今日给汽车加油精一瓶。

第五天：夜雨，早空气清新。上午徒步游古镇，途中发现江边望月楼宾馆位置好，还便宜，于是午前退房搬了过去。下午继续步行游古城古街，全天踏遍镇远，累得够呛。住宿140元，存车5元，餐饮60元，全天210元。

第六天：开车赴铁溪，这是个自然风光景区，很有名，《儒林外史》一书中都有记载。步行景区12公里，这是外出体力指数最高的一天。住宿140元，存车5元，餐饮201元，门票100元，全天开支346元。

刚进西江苗寨不该接牛角杯的我。2斤黄酒几乎把我灌醉……

第七天：早出发西行，原准备乘船游午阳河，因大雾告吹。上午游黄云崖——它称“贵州第一胜境”、“黔东南第一胜境”，最令人叫绝处是一棵千年古柏长在崖壁上悬空而立。景自天成，这是千年大自然造化而成，太难得了！下午下榻让洞温泉泡汤。住宿160元，油费110元，餐饮157元，门票264元，全天开支691元。

第八天：上午继续泡温泉，午11：00退房出发，下午4：30抵西江千户苗寨——这是全世界规模最大的吊脚楼建筑群。我们如期而至准备参加这里的活动，详情在此书第三章已做了介绍。没想到一进寨门，我差点被酒灌趴下……游客进寨都要搞一个欢迎仪式，要敬酒，但这牛角杯是万万用手扶不得的，我疏忽了用手扶了一下，坏了！按苗族规矩用手一扶就要把牛角里的酒喝尽！将近两斤酒哇！虽说是低度黄酒也把我搞得昏头昏脑了……下榻青年旅馆。

住宿180元，存车20元，油费110元，餐饮115元，门票240元，开支595元。

第九天：全天逛寨子。东西南北都跑到了，晚看夜景。住宿180元，存车10元，餐饮135元，购物403元，全天开支728元。

第十天：怕被来西江过节的车辆塞住，一早出发赴雷江县参加鼓藏节活动，详情前面已介绍了。当晚下榻安居旅店。住宿230元，存车5元，餐饮138元。

第十一天：上午赴朗德上寨参加活动，看表演，下午返回银饰街。晚看夜景并拍照。住宿230元，存车15元，餐饮140元，全天385元。至此三天半参加苗族鼓藏节活动告一段落。

第十二天：阴雨中赴溶江，一路山高路险，几乎不停地走弯道。午抵著名车江三宝侗寨。西江可称世界第一苗寨，而三宝就是世界第一侗寨，有1000多户侗族人住在这里，沿江100多棵百年大溶树令人肃然起敬……晚抵丛江县，下榻武装部招待所。住宿160元，油费250元，餐饮146元，门票50元，全天开支696元。行240公里。

第十三天：招待所门口就是丛江县广场，这里建有全世界最高的29层侗寨鼓楼和十几株百年大榕树，景色极美，早上我们拍照后匆匆上路，赴我们此行的一个重点景区——岜沙苗寨。它自然生态优美，原生态民族文化独具特色，被誉为苗族文化的“活化石”、“生态博物馆”。岜沙人始终保持着古老的生产生活方式，着装依旧保持着强烈的原始色彩。岜沙的男子留着远古的发髻，肩背火药猎枪，腰系刀具、旱烟袋、火药袋，宛如活的兵马俑。他们奇特的镰刀剃头仪式、树葬文化、婚俗文化令人叹为观止。岜沙村被《中国国家地理》推荐为“人的一生必须要去的55个地方”之一。路是新修的，盘山而上7.5公里很快就到了。一上午我们在寨子里游览拍照还拜访了村长。我们仿佛进入了时间隧道回到了远古时代……古老的建筑和古老着装的村民给我们强烈的视觉冲击和心灵的震撼！下午赴三江县，游程阳风雨桥，它是世界四大名桥之一，国家级景点，可谓“千载侗乡情，百年风雨桥”。想当年郭沫若先生特意为此桥吟诗一首：“艳说三江风雨桥，桥长二丈四寻高。重镇联姻怡神巧，列低横流入望遥。竹林一身坚胜铁，茶林万载茁新苗。何时得上三江道，学把犁锄事休劳。”晚下榻三江宾馆。住宿300元，油费150元，餐饮90元，购物160元，全天开支655元。

第十四天：早向东行赴龙脊梯田景区，它由金坑大寨瑶族梯田和平安壮族梯田两个景区组成。它以磅礴的气势，流动的线条，变幻的神韵而享誉中外，堪称“世界之最”、“天下一绝”。但因季节的关系大打了折扣，这点在前面已讲过了。但这里的瑶族十字绣非常吸引人，物美价廉，两位女士爱不释手，大大抢购了一番。晚下榻景区内农家乐小店。住宿110元，存车7元，油费247

在郎德上寨

元，门票130元，购物180元，今日加油精一瓶。全天开支591元。景区山高晚上很冷。

第十五天：10：30抵桂林，这是我们第三次游桂林了，下榻绵桂宾馆，下午游芦笛岩、七星岩，晚逛街。住宿216元，过路存车52元，餐饮141元，门票169元，全天开支578元。

第十六天：夜来寒流了，冷风阵阵。上午步行沿江游象鼻山、伏波山。午吃最有名的米粉“日头火”，下午游桂林北57公里处的兴安——灵渠、水街。它建成于秦始皇33年（公元前214年），是现存世界上最古老最完整的水利工程，与四川都江堰、陕西郑国渠齐名。它设计科学、建筑精巧，将湘江水三七分流，三分水向南入漓江，七分向北汇入湘江，沟通了长江、珠江两大水系。游览后，深为古代劳动人民的勤劳智慧而骄傲。住宿216元，过路存车95元，餐饮128元，门票120元，全天开支559元。

第十七天：早出发开车沿漓江东岸游——先后游览了大圩、草坪、兴坪

世界第一，29层的侗寨鼓楼

与芭莎村长的合影

鼓楼旁的百年大榕树

三个古镇。下午3：00抵阳朔，下榻南门园林宾馆。下午、晚上逛街。住宿180元，存车20元，油费190元，餐饮107元，全天479元。

第十八天：最佳方案漂漓江——前两次来漂漓江均生了一肚子气。此行实施新方案：早乘中巴抵阳堤乘竹筏顺水漂20公里，午上岸吃鱼，下午抵兴坪乘中巴返南门。此内容前面已讲不啰嗦了。另外我也想提醒朋友们，这段路徒步是一个好的选择。住宿180元，漂流+中巴车费三人总计225元——还不及一个人坐船从桂林至阳朔的票价。餐饮302元，其中午餐吃活鱼270元（四人用餐——加上撑竹筏老汉）全天总开支721元。桂林游至此画句号。

第十九天：早在细雨蒙蒙中发车赴蒙山——这是太平天国起义后打下的第一座城池，当时叫永州，洪秀全就是在这里建国封王（东、西、南、北、翼——五个王），发布了六个诏令。参观后经荔蒲抵柳州下榻盛居宾馆。晚逛街。观夜景。住宿156元，过路、存车费50元，油费130元，餐饮106元，购物80元，全天开支522元。

第二十天：上午参观博物馆、柳候祠。午餐吃肚包鸡，下午游奇石市场。柳侯祠建于唐，为纪念唐宋八大家柳宗元而修，内有历代石碑60多方，极其珍贵。奇石是柳州一大特产，我每次来都要买一些，此行也不例外，反正有车装不用人背。住宿156元，存车50元，餐饮154元，购石260元，全天开支610元。

第二十一天：早赴忻城游莫土司衙署。这是全国保存最好，面积最大的土司建筑群，被誉为“壮乡故宫”。莫土司就是电影《刘三姐》中莫老爷的原型，共传世20代，从元朝至清末500年，代代男丁，一脉相承，这从生理学角度来看是极为罕见的。据传世代莫土司经常食用一种神秘的“养生汤”。现已被破译复制出来，售价不低。据悉其主要原料是鸽子，想不到鸽子竟有此奇特功效？衙署内植有很多“罗汉竹”十分珍稀。在游“蜀南竹海”时得知，“罗汉竹”（它的每一个竹节都是个小园球象罗汉的肚子，故名罗汉竹），和大熊猫一样的珍稀，中国境内极为罕见。看来这位莫老爷是一位风雅、有鉴赏能力的土司（蜀南竹海的“罗汉竹”观赏地，24小时有人监守，足以证明它的珍贵）。游后经来宾，晚抵南宁下榻旺客快捷酒店。住宿168元，过路、存车费105元，油费290元，餐饮103元，门票40元，全天开支706元。天气很热。

第二十二天：早出发向西北方巴马县行进，午抵著名景点巴马百鸟洞、乘船游览。这是一个巨大的水洞，里面由暗河相连的八个天然大厅，每个厅都有自然形成的天窗，天窗之间，黑白轮回，阴阳交替，美仑美奂，我们不得不惊叹大自然的鬼斧神工！全国水洞我到过不少，但此洞当属第一！而后我们参观附近的著名的长寿之乡——巴马甲篆乡坡月村。独特的自然环境孕育了这里极具神秘色彩的长寿现象。这里每10万人口中百岁以上寿星30.98人，高居世界第一。而且是世界五大长寿乡中，唯一长寿人口持续增长的地区。2003年国际自然医学会授予坡月村“世界长寿之乡”证书，这是该组织发出的（当时）唯一的一份认定书。我通过参观了解到这里长寿的秘密：（1）深山老林，非常闭塞，远离大城市，远离污染。（2）由于交通不便，千百年来历史上改朝换代，政治动乱对它几乎没有任何冲击，甚至史无前例的文化大革命在这儿也没闹腾起来，人们从不担惊受怕、受压抑，平和、安静地一代代生活着。（3）人人劳动、天天劳动，老人也不例外。（4）每年这里雷雨天达270多天。空气中臭氧及负氧离子是其他地区几百倍！（5）这里人常年食用一种蒜类植物；听说这里长寿，人们纷至沓来，还盖了不少养生公寓、疗养院想沾这里的仙气，可最后咬牙住上三五个月忍受不了这里的安静与冷清，又纷纷跑回大城市的人不在少数。我看长寿是不可以复制的，常年劳动没有奢望，生活检朴，恐怕就是长寿的秘诀。晚抵凤山县下榻水利局宾馆。住宿180元，过路存车115元，油费140元，餐饮170元，门票180元，购物320元（买了不少长寿茶回去分给亲朋好友，也沾点儿长寿的“仙气”儿），全天开支1100元。

第二十三天：早出发经金牙、更沙、新化，在人迹罕至的大山里穿行，路很险、坡度极大（有些路是专供拖拉机走的，一般汽车是爬不上去的，由于ix-35四驱，强劲有力，此时显露出它强大的扭矩），午抵乐业天坑，即开始游览。

乐业大石围天坑群有28个天坑，密集度及数量世界第一。同时这里也是

莫土司衙内的罗汉竹

中国兰花之乡，在这些天坑底部生长着最名贵的兰花品种，如：世界上最大的大香荚兰、莎叶兰、带叶兜兰的野生居群。我们把车停在景区门口，坐电瓶车进去游览，天坑顶部海拔1500米，冷风习习，放眼望去气势恢宏。游览结束后经凌云，晚抵百色下榻邮电宾馆。住宿140元，存车5元，油费120元，餐饮70元，门票190元，开支385元。

第二十四天：上午参观了百色起义纪念馆。1929年邓小平领导了百色起义，带领红军历尽艰辛三年到达江西苏区，功不可没。下午赴靖西旧州，这是广西有名的彩球之乡，壮族抛的彩球多数都产自这里，这儿家家都在缝制大大小小各式各样彩球。全天行300公里，晚下榻县城华昇宾馆。住宿100元，过路费40元，油费300元，餐饮161元，购彩球120元，全天721元。

第二十五天：早赴通灵大峡谷游览，这是一处令人叫绝、游后难忘的地方。峡谷全长2.8公里，深300多米，是个不走回头路的环形旅游线。景区由地下溶洞、暗河、隧道自然贯通连结，通天彻底、灵气飘逸。峡谷内，古树老藤遮天蔽日，深潭星罗棋布，落差188.6米的通灵大瀑布从天而降，气势磅礴……十几年来全国的大峡谷去了不少，但如此紧凑，如此多变，如此深遂的峡谷景区实不多见。下午3：00在细雨蒙蒙中抵德天大瀑布——它横跨中越两国，宽208米，落差70米，三级跌落，神奇雄伟。虽然是枯水期水量也很大，整个瀑布高高低低错落有致。走进瀑布内更是千回百转，令人流连忘返。晚下榻德天客栈。住宿120元，过路存车38元，餐饮141元，门票360元，购物160元，全天开支819元。

第二十六天：在做功课时就计算到这里该进行汽车保养了，在蒙蒙细雨中赴南宁4S店。从德天至雷平这段路，我感觉应该是中国最美的四段路之一。在这段路上开车是一种享受——沐清风、浴和雨，有远离尘嚣，如隔世般的美好感觉。这段路也是摄影家的天堂。2004年10月1日国家邮票总局发行特种邮票"祖国边陲风光"就选入这段路的风景，足以见得它的美。午抵南宁，午餐后去4S店做保养。此刻发现汽车的全部资料——行驶手册、维修手册、全国4S店图册等，装在一个小皮包被遗忘在德天客栈门口的台阶上了。于是赶紧打电话询问，客栈老板说已经保存起来了，我这才一块石头落地。要知道这些资料太重要了。下榻南宁电子研究所招待所。坐5路公交车进城逛中山路。住宿120元，过路、存车86元，油费110元，餐饮222元，保养车、清洗油路共611元，全天开支1149元。

第二十七天：上午我爱人与同行的好友，将她们采买的物品去邮局寄回家。外出购物是一件非常快乐的事情，象淘宝一样，一路上能淘到很多又便宜又好的东西，陆续寄往家中不失为一个好办法，此前她们已经去邮局寄过两次了。午返德天取回小皮包，晚八点抵凭祥，下榻教育宾馆。今日破天荒走了两小时夜路（因为是高速而且车很少，清静安全，一般情况下不走夜路为宜）。住宿140元，过路、存车费107元，油费290元，餐饮143元，全天开支680元，全天行程400公里。

第二十八天：上午游览友谊关，并登上了东炮台。这些年自驾游，把祖国边陲的国门差不多都走到了——丹东、图们、绥芬河、抚远、黑河、漠河、满州里、白哈巴、霍尔果斯、红旗拉甫、樟木、腾冲、马芒、瑞丽、河口，磨憨、打洛，加上今天的友谊关。午11：00赴宁明，午餐后抵左江码头——乘船游左江，观花山岩画。我坐在船头，听着船舱内壮族的天琴弹唱，这是古老的骆越文化玄音的绝唱，优美动人……眼望着左江两岸如诗如画的风光，心情激荡……原来左江是一条能与漓江相媲美的江，自古来广西就有“北有漓江，南有左江”之说。明崇祯九年著名旅行家徐霞客游左江后赞叹：“阳朔山峭濒江，无此岸之石；建溪水激多石，无此石之奇。阳朔画山，竟逊一筹。”在如画般的江上航行两小时来到花山，这是临江一面峭壁，宽170米，高100米，远古壮族先民在这岩壁上画出规模宏大、场面壮观、形象逼真、神秘莫测的岩画，历经几千年风雨冲刷而不退色。它是世界上画面最大、内容最丰富、保存最完好的岩画。在回返的航程我不禁赞道：

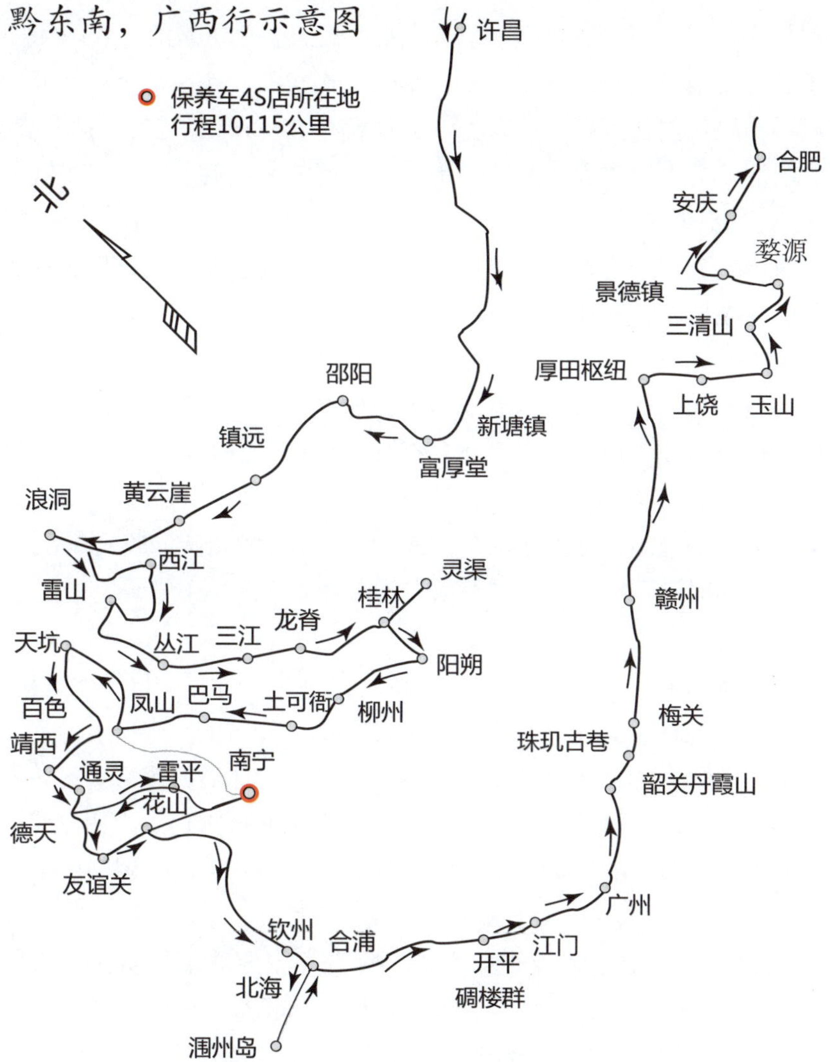

“百里左江百里画，千古花山千古迷”。晚上下榻宁明邮电宾馆。住宿135元，过路存车28元，餐饮87元，船票门票445元。全天计695元。

第二十九天：早8：00发车上高速，午抵北海，吃海鲜后游银滩，考察附近宾馆价位，而后去码头了解船情，了解清楚后游市中心，游北海百年老街。晚下榻闹市区鑫源宾馆。北海温度明显偏高，晚餐后逛街。住宿140元，过路、存车180元，油费305元，餐饮137元，全天开支762元。

第三十天：今日登国家五星级景点——涠洲岛。9：00乘上慢船——“飞跃168号”赴涠洲。码头停车场管理员推荐我们去他哥开的“农家乐”，我们同意了。于是他哥老李开三轮大摩托来码头接我们。他家是个盖在海边椰林中的三层小楼，我们住三层，还有一个大平台很爽。站在平台，大海、沙滩、椰林尽收眼底。岛上正午天气炎热，午餐吃海鲜，午睡后老李开车带我们去渔市买各种海产品……晚餐老板娘大展厨艺，让我们吃了一顿有涠洲岛特色的鱼宴。月色当空，我们坐在三楼平台上喝着茶，沐浴着海上的清风，谈天说地好不快哉！住宿两个标间100元，船票300元，餐饮310元，登岛票190元，全天开支900元。

第三十一天：全天乘房东老李的大三轮摩托游遍海岛。涠洲岛是火山喷发形成的，所以全岛火山遗迹很多，共有五大景点：五彩滩、石螺口、滴水丹、鳄鱼湖火山口、博物馆。岛很大，没摩托车还真不行，一天下来会累得够呛。晚又吃海鲜。住宿100元，摩托车费60元，餐饮108元，购物120元，全天388元。由于登岛时已购票，所以岛上景点均免费。

第三十二天：上午海边休息，午餐后1：30出发抵码头，乘2：30飞鱼号快船3：30抵北海码头，取车赴银滩，下榻兰岛别墅。晚进城逛街晚餐。住宿216元，快船票380元，餐饮172元，全天开支768元。

第三十三天：上午去10公里外红树林一游，午休后游银滩，喝茶看海，晚逛珍珠市场，晚餐。至此北海游结束，这里也是此行折返点，明日将踏上回程路。住宿216元，过路存车84元，餐饮236元，门票100元，购物100元，全天开支736元。

第三十四天：上午游合浦买珍珠，自古有“西珠不如东珠、东珠不如南珠”之说。合蒲是南珠之乡，街上珍珠店铺一家挨一家。两位女士买了千元珍珠方善罢干休。午餐后1：00进入广东界，5：00抵开平碉楼，先进行一番调研，原来被评为世界遗产的开平碉楼分五处景点——立园、锦江里、自力村、马降龙碉楼群及赤坎古镇。我们原想找个“农家乐”住下，开车一转竟然踪迹全无！只好回开平市，下榻华宝旅舍。住宿130元，过路存车199元，油260元，餐饮152元，全天开支741元。

第三十五天：广东省开平碉楼群始建于明朝末年，鼎盛于清末、民国。海外华侨把在外毕生的积蓄寄回国内却屡遭土匪抢掠，加之暴雨洪水天灾不断。怎么办？华侨在海外受欧美文化熏陶对西方建筑情有独钟，加之必须以防匪、防洪功能为主，于是出现了这种中西合璧，强调防御，附带居住功能的多层碉堡塔楼式的建筑——碉楼。碉楼内有水井粮库，门窗用厚铁板制成，上层有向下的射击孔而且备有滚木礌石。各碉楼间可形成交叉火力，让来犯土匪无处藏身。它在世界建筑中独树一帜，具有唯一性。以至于英语中竟没有适用它的词汇。所以在申请世界文化遗产中一举成功！我们仔细研究对比了一下，这四处碉楼群共1833座碉楼中，自力村、马降龙更古老原始一些。立园、锦江里现代气息较浓。我们决定细细品味，感受。我们上午游“自立村”，午餐后游“马降龙”，两处景点名不虚传，各有千秋。晚下榻江门雅轩宾馆。晚餐后逛街。住宿170元，存车30元，油费110元，餐饮200元，门票180元，全天开支690元。

开平自力村的碉楼

第三十六天：早出发走G325，经九江镇、顺德从仁从广州绕城而过——因为广州的亚运会还没结束。下午3：00抵韶关，5：00抵仁化丹霞山，下榻景区大门旁的财苑宾馆，并了解调查景区游览的最佳路线。今日加三瓶油精清洗油路。住宿200元，过路费150元，油费250元，餐饮320元，全天开支920元。

第三十七天：全天游丹霞山，早乘缆车上山而后沿山路步行游览，景区内有大小山峰600余座，山形造型奇绝、鬼斧神工，尤其是阴元石、阳元石酷似男、女的生殖器……令人不敢相信这是天然形成的。最后从翔龙湖乘船而出，下榻景区内农家乐迎宾楼。今天体力指数很高，整整步行近8小时，累得通体大汗。住宿140元，存车10元，餐饮139元，门票280元，缆车120元，游船60元，全天开支749元。

第三十八天：上午继续在景区游览。11：00发车经周田、始兴，南雄，午抵珠玑古巷——这是一个从唐代开始中原人进入广东、广西以至去海外的中继站。历朝历代有159个姓氏的人在这里居住过，而后又分散到南方及海外世界各地。改革开放后，海内外及南迁后裔都来珠玑古巷寻根问祖，络绎不绝，可谓“珠玑延绵、香火相传……。”这里建有大大小小宗祠159座，参观后感到这里

梅关

是中国最具特色的人文博物馆。珠玑文化，源远流长，根系珠玑，叶茂全球。下午3：00抵“梅关”游览。这又是一处岭南胜地。“梅关”为秦始皇所建，它有“南粤第一雄关”之称，它是江西、广东分界线，长江、珠江水系分界线，海上与陆上丝稠之路分界线，热带、亚热带的天然屏障，中原文化、岭南文化交汇点。这里的每一棵树、每一块石头都沉积着厚重的文化、厚重的历史……“梅关古道”是全国除四川剑门关、翠云廊外又一处“古驿道”，它修建于秦汉，唐开元年间，宰相张九龄又把它开凿成一条用青石铺垫，6米宽、长20公里的古道。古道旁一棵大树被人称为东坡树，公元1094年，苏东坡两次途径“梅关”，与大树下卖茶老翁结缘，留下两首著名诗句：“赠岭上老人”、“赠岭上梅”。大道旁的古刹六祖寺、单缘泉、衣钵井则又是佛教禅宗一段惊心动魄的故事：六祖慧能被五祖封为六祖而遭嫉妒的师兄神秀追杀，脱险后在梅关这里建寺创立“南宗”，与神秀的“北宗”相峙百余年后，被皇帝立为禅宗主流派。文天祥、宋之问一大批将领在此留下战绩。到了近代孙中山两次北伐都在这里誓师入赣。毛泽东、朱德率红军也曾攻占过这里。1934年红军主力长征后，陈毅在这儿建立根据地，坚持了三年游击战争，写下了气壮山河的“梅岭三章”、“登大庾岭”、“偷渡梅关”等光辉诗篇……这里的一山一水都会引起人们无限的遐想，一草一木都会让人为之动情。我们游览时发现“梅关”的梅花已经开了，阵阵暗香沁人肺腑。不由得让我想起苏东坡的诗句：“梅花开尽百花开，过尽行人君不来……”5：30抵大余，上高速抵赣州，我们马不停蹄，赴灶儿巷董府品尝地道赣州菜。住宿206元，过路存车费68元，餐饮198元，门票265元，全天开支747元。

第三十九天：我多次来过赣州，很熟悉这里，所以我设计了一个环行徒步旅游线路。早，将车开至郁孤台停车场，而后开始顺时针沿赣州城老城墙徒步游→蒋经国旧居→八镜台→涌金门→浮桥→灶儿巷。抵灶儿巷正好中午，我们又品尝了正宗赣州菜：一个三杯鸡，一个豆瓣鱼，一个荷塘小炒（青菜），一个宋嫂鱼羹（汤），三菜一汤人民币101元，真是太实惠了，又便宜又好吃！吃完午餐“打的”抵郁孤台，开车上路沿高速北上，在厚田枢纽向东转，晚8：00抵上饶，下榻太和宾馆。今天行程约500公里。住宿216元，过路费242元，油费510元，餐饮175元，门票50元，全天总开支1193元。今日加油精两瓶。

第四十天：早，出发。10：00抵三清山南大门（双溪），三清山是世界自然遗产，其风景美不胜收。我认为三清山的栈道长度、高度、险度、秀美程度在全国都是屈指可数的。游三清山体力指数要求很高。我曾来过两次，此行准备充分：一个65升大背囊，装满了够两天的食品、罐头、水果、小电器等，三人每人一个背包、登山杖，冲锋衣、冲锋裤、冲锋靴。我们存上车，背包上缆车，11：30登至平台。一人看包，两人寻觅宾馆，经比较后选定日上宾馆下榻，午餐，沏上咖啡，打开罐头美美地在标间阳台上边欣赏美景边品尝美食。午餐后沿西海岸顺时针游览……。傍晚回到日上宾馆，取出三个罐头又在餐厅点了两个素菜、一个汤，吃了一顿丰盛晚餐，回来洗热水澡，打开电热毯进入梦乡……住宿560元（280元一个标间）存车80元，餐饮158元，门票465元（包括缆车），全天计开支1263元（山上吃住都非常之贵，安排日程上最好只在山上住一晚，若提前到达山下也不要上山，做各种准备，购买食品等。第二天一早争取第一班缆车上山，在山上玩儿两天，乘第二天最后一班缆车下山。这样最大限度地利用了时间，最大限度节约了经费，若旺季一个房间是六七百元！第二天一早退房，把包存在那里再出去玩。）

第四十一天：早天气极冷，早餐后退房存包，而后开始游巨蟒景区，爬上爬下地累得一塌糊涂！我再次提醒读者，三清山是个体力指数很高的景区，千万要有思想准备。午，玉女峰野餐，下午3：30回到日上宾馆取包下山，晚6：00抵婺源，下榻如意宾馆。今天太累了，洗了热水澡早早休息了。住宿100元，存车5元，油费110元，餐饮137元，购物135元，全天开支487元。

第四十二天：上午，小雨中游晓起，午餐后游江湾、李坑，晚6：00回驻地。上午在晓起二位女士看上了樟木箱，每人3300元买了一对（包括300元运费）我看上了两个小叶紫檀笔筒，分别是260元、240元，今日疯狂购物，但物有所值。这些东西要在北京恐怕两三倍的价格也买不下来。樟木箱是用整块的樟木板制作，当今非常罕见。而工匠又是晓起有名的制箱世家第六代传人，我们看了他们的祖传家谱，让我大饱了眼福。家谱从明初开始至今几百年了，竟然记载得清清楚楚，我不由得感叹中国文化之博大精深。中午师傅执意留我们吃便饭，我们也不推辞了。梅干菜烧肉，红烧鱼块，炒青菜……地道的安徽风味，令我们难忘，今天的收获是全方位的。住宿100元，过路26元，餐饮192元，门票360元，全天开支678元，不算购物。

三清山

第四十三天：全天下雨，雨中游汪口、延村及百柱宗祠。夜逛县城民俗一条街。住宿100元，存车15元，油费100元，餐饮132元，全天347元。

第四十四天：昨天下一夜雨，早，雨中发车抵景德镇，先参观陶瓷博物馆，下午逛陶瓷大世界，晚下榻大世界宾馆。雨连续下两天两夜了。住宿200元，过路费60元，餐饮85元，门票50元，开支395元。

第四十五天：早，5：00发车，8：00过长江，11：00合肥午餐，下午2：30徐州，5：30抵泰安，晚餐后下榻金星宾馆。住宿150元，过路费410元，油费725元，餐饮100元，全天1385元。

第四十六天：早气温极低已达零下。9：00发车，午，德州用餐，下午2：00抵京，3：30返回家中。至此黔东南广西游结束。全程46天总行程10115公里，总开支32988元（三人）。

其中：住宿7631元，占总开支22%。

过路存车4604元，占总开支13%。

汽油费5420元，占总开支17%，用油824升。

餐饮费11009元，占总开支30%。

门票5554元，占总开支18%。

每天三人平均开支：717元/天/3人；每人每天开支：239元/天/人。

（此行购物支出未列）

点评：

以上提供的是一些原始、真实的记录和数据，它是个宝库。“自驾游”的朋友出发前想要了解的真实情况、准确数据都在其中。

比如：我们外出带什么服装？第一节漠河行，出发当天为盛夏，出发前汗流浃背……四小时车程到达张北后竟然穿上了羽绒服。珠峰行回程走青藏线正值六月初，盛夏时节，每天却和暴风雪打交道，车被冻住加之缺氧几十分钟打不着火。从中我们不难看出，去西藏、西北、东北无论多么热的天气出发，必须从头到脚“武装到牙齿”。

比如：在黔东南、广西行中紧凑的日程及游览——一天一个或两个景点而且都非常精彩，几乎让人喘不过气来……行军路线没有浪费，都以最捷径抵达了景点，恰到好处。朋友们可曾知道这个行程我策划了两年之久，七易其稿反复推敲取舍？功课之细可想而知。珠峰行一路行军一路游览，三天游了龙门、昭化、望渔古镇、周公温泉，把日程安排得满满的，可谓天衣无缝。这不认真做功课是做不到的。

比如：4S店的安排，在珠峰行中安排在西昌和拉萨，由于计算得准确，实际中相差才一二百公里。及时的保养、检查、清洗油路加之经常给些油精，使汽车始终保持良好的车况，这是远程自驾最重要的技术保障。

比如：朋友们会问外出一个人一天究竟要花多少钱？从日程中大家不难看出，我们的吃住属于中等偏下的，而且我是军人，又是老年人（有北京市发的老年人优待证），很多景区门票减半或全免，就在这样条件下，四次远行每人每天分别为332元、267元、324元、239元，把这四次加起来除以4，平均值得“291元/人/天”，应当说这个数据是很靠谱的，很有参考价值的。

比如：外出大约百公里油耗是多少？自驾游朋友的车排量绝大部分是在2.0上下。我就以我的“现代ix-35”（四驱排量2.0升）为例。珠峰行程11135公里用油882升；黔东南广西行程10115公里用油824升；把它们相加是21250公里用油1706升，把两个数据相除得出数据是：8升/百公里。如果你的车排量低于2.0且是手动挡，用油会在8升以下，打预算时在油费这项上会有一个较准确的估计。

关于各项开支在自驾游中比例也可以一目了然。

	油费、过路费、保养费	住宿	餐饮	门票	购物
漠河行	31%	20%	10%	10%	29%
敦煌行	38%	17%	16%	13%	16%
珠峰行	38%	16%	11%	9%	26%
黔东南、广西行	30%	22%	30%	18%	自掏腰包

从中我们不难看出，油、过路费、保养始终占据开支最大比例：住宿、餐饮次之。

在边陲行住宿，餐饮条件相对较差便宜些。

在内地住宿，餐饮条件相对好会多花些钱。

在旅游旺季，找一处又便宜又好的住处几乎是不可能的……。但漠河行在铁岭、敦煌行在敦煌竟然做到了，关键它们都在郊区。请大家别忘了，我们是有车的，多远也不怕。在敦煌郊区的临夏市驻敦煌办事处招待所是一个旅行团、背包客都不会光顾的地方。在市内同样条件一个标间要300元，而由于地理位置只60元，一天就省240元（存车还不收费）。所以我希望朋友们不妨耐心开车多转转，一小时汽油用不了10元，可找到个好地方，一省就是20倍的价值！

我每次外出都会做详细的记录……随着数据积累，自驾游外出评估情况的准确率和把握性会大幅度提升，想当然不行，数据是最可靠的依据，我们要做一个讲科学讲计划的有心人，一个睿智的旅游达人。

后　记

在新疆喀纳斯西面有个地方叫白哈巴，秋天那里的风景非常的美丽，白桦树的叶子被秋色染成了桔黄，而树干在白色中掺杂着黑色的斑纹，远远看去俨然是一片童话世界……我们被其绚丽的风光所陶醉……忽然我们在空气中闻到了一股浓郁的咖啡的香味——这个香味只有用当即研磨的咖啡豆煮才能散发出来……我们顺着香味寻觅而去，在一片白桦林里，停着一辆用“依维柯”改装成的房车，女主人坐在房车伸缩的棚下用电脑在写作，男主人在房车的厨间用煤气灶煮咖啡……我们一面品尝着浓香的咖啡一面交谈，得知他们夫妇此行已经出来九个多月了。

在西藏美丽的然乌湖边我们遇到了一位独行侠，他自己把一辆金杯面包车改装成一辆四轮驱动的房车——车上冰箱、空调、煤气灶、电灶、微波炉、发电机、电池组、卫星接受天线、电视一应俱全……他告诉我们，他每年平均四个月休整，八个月外出走天下。

在西藏聂拉木遇见从新疆翻界山达坂过来，刚刚征服完可可西里无人区的几位朋友。他们的越野车上伤痕累累，似乎在诉说着此行的艰辛，车身上用不干胶贴着四个醒目的大字“挑战极限”！

自驾游这个领域，我们国家虽然起步较晚，但不乏人才辈出，大师云集。我们和人家相比，确有小巫见大巫之感，所以在写此书时始终有一种敬畏的心态，一种圣人面前念“三字经”的心情，忐忑不安……

大半生中我们夫妇游历了世界30多个国家，在国外我很关注“自驾游”。和西方相比应当说我们的自驾游还处于“始发”阶段。在欧洲“汽车旅馆”遍布所有景点及大小村镇，干净、简洁、便宜、方便。很多汽车旅馆内除备《旅游指南》（以下简称《指南》）外都有公用厨房、洗衣间免费使用，开放式厨房内锅碗瓢盆一应俱全，用完后洗净自觉放回原处。而在《指南》中明确标出附近哪里有超市可买回便宜的半成品。在所有的景点及风景优美的村镇都设有“房车”的驻地，交纳一定费用便可得到一处停车位，水电与房车接通，这里便成为您的“新家”。每逢节假日，所有高速路全被自驾游外出的房车占满，大有全民自驾游的气势！

在欧洲，我们所见到的自驾游是三种模式：开自已轿车住汽车旅馆；自己轿车拖房车；开房车（房车自备或租来）。而到了北美更有甚者已发展到向公共汽车一般大的房车拖一辆小轿车的自驾游模式。大房车内可宿七八个人，里面设备更加齐全，可谓应有尽有，车外挂七八辆山地车，拖带的小轿车是为采买物品而用的。北美所有的国家公园内不但有汽车旅馆、房车营地、超市，而且里面把汽车路、山地车路、骑马走的路、步行的路分得清清楚楚，各行其道。《指南》中详尽标出每段路公里数，哪里有休息站、卫生间……美国平均10户有一辆房车，德国有1300万辆……

《指环王》拍摄地新西兰南岛被称为地球上最后的一片净土，那里有大片的原始密林，雪山冰川、峡湾、高山湖泊星罗棋布，那里也是自驾游的天堂……一下飞机按密码打开您的信箱取出车钥匙就能开始自驾游，车内一本《指南》，详尽标出了全岛景点、公路网、里程、汽车旅馆、自驾车营地、超市、休息点、卫生间、加油站位置。可谓一本《指南》在手头走遍全岛不发愁。租轿车或房车的费用和汽车旅馆标间每日费用大体相当。我特羡慕的是超市不但分布广，而且货齐全，特别是旅游食品可谓应有尽有，价格便宜，看到那些在自驾游营地，煎着牛排、喝着啤酒的人们……感叹之情油然而生，我那套“车中有粮心中不慌”啊，什么“补车胎”啊，在这儿都用不上了……任何一个超市都可买到最新鲜的食品，打个电话，不管你在哪儿，车出了故障，一小时内救援车辆准时赶到……人家把为“自驾游”的服务做到家了！

我们在自驾游服务设施上的差距是显而易见的。但经过我多年在国内外考察研究得出一个结论：“中国是全世界自驾游‘资源’第一大国。”为什么这样说呢？我认为自驾游资源由三部分组成，即——“自然资源、历史资源、人文资源”。就这三方面而言，我们国家都是当之无愧、首屈一指、无以伦比的。就自然资源而言，我们国家在北半球，横跨寒带到亚热带，地形、地貌、植被应有尽有，高低差从世界第一高峰8848米的珠穆朗玛峰到吐鲁番盆地负154米的艾丁湖。在我们960万平米公里土地上大天坑、大地缝、大峡谷、大沙漠、大草原、大戈壁、大河流、大湖泊、大森林应有尽有。纵观世界上国土面积和我们相仿或比我们大的国家，门类品种都没我们齐全，不是缺这样就是少那样。举一例，澳大利亚国土面积和我们差不多，但境内最高山，科西阿斯科山才2228米。就历史资源而言，世界上四大古文明：埃及文明、印度文明、两河流域文明（底格里斯河，幼发拉底河）、中华文明。只有中华文明一脉相承地继承发扬下来了。埃及自公元就沦为了殖民地……印度自久远就一直不断遭受外部入侵，它也是四大古文明中唯一没有自己历史的古文明，两河流域文明早已灰飞烟灭了。所以，我们是全世界保存得最系统、最完整而且传承至今的古老文明。就人文资源而言，我们国家有56个民族共生存，蕴育出无比灿烂、多姿多彩的民族文化，是令世界上任何一个国家难以望其项背的！我为是一个中国人感到自豪！我为是一个“中国自驾游爱好者”感到骄傲！中国这片960万平方公里的沃土，是我们自驾游爱好者终生受益不完的天堂。

在骄傲、自豪的同时，我也感到忧心忡忡……“自然资源，历史资源”摆在那里谁也拿不走的。而“人文资源”随着现代化、城市化进程的加速发展而大大萎缩和迅速消失了……这是我们近20年自驾游中愈发感觉日益严重的问题……在贵州省丛江县，细妹镇岜沙村千百年居住着一个苗族支系，他们被称之为“全世界最后一支火枪手部落”，他们祖祖辈辈以打猎为生，男人头上除一小撮发髻外全部剃光，身着用植物染成靛兰色的土布衣裤打赤脚，身背火枪，腰部挂火镰火石，火药包及腰刀。女人着彩色绑腿及极具特色的民族的服装，我们2010年造访时公路刚通到村里，在一天的时间里，我们深刻地感受到现代化的侵袭无孔不入……再过10年20年说不定什么也看不到了。在这里我也希望自驾游的朋友在做功课时把那些大城市、名山大川的景点先放一放，优先安排去边远地区及少数民族地区，因为这些地区的古老传统、民族传统不抓紧去看，怕是今后永远见不到了。

改革开放30年，我国高速公路由“0”发展到今天，仅次于美国居世界第二位。高速路的框架与省道、县道、乡道编织成了一个密如蛛网的公路体系。根据报道，2011年自驾游房车的销量中国达到1500辆，全国房车的保有量已有7000辆左右了。这从另一个侧面说明，国内喜爱自驾游的人越来越多……这个活动越来越火热，中国人开着自己的轿车、自己的SUV、自己的房车，周游全国，周游世界，露营天涯的梦想，仿佛越来越触手可及了，它也昭示着中国自驾游的黄金时代来到了！让我们扎根于这片世界上最肥沃的自驾游土壤之中，尽情地享受自驾游给我们带来的快乐吧！